怎样到 RCEP 成员国投资
马来西亚篇

陈 洁 主编

微信扫码
• 配套音频
• 投资智库
• 交流社群

音频授权码（仅供一台设备使用）

广西人民出版社

图书在版编目（CIP）数据

怎样到RCEP成员国投资．马来西亚篇 / 陈洁主编．— 南宁：广西人民出版社，2022.9
ISBN 978-7-219-11393-6

Ⅰ．①怎…　Ⅱ．①陈…　Ⅲ．①对外投资—直接投资—研究—中国、马来西亚　Ⅳ．① F832.6

中国版本图书馆CIP数据核字（2022）第100121号

ZENYANG DAO RCEP CHENGYUANGUO TOUZI · MALAIXIYA PIAN
怎样到RCEP成员国投资·马来西亚篇
陈洁　主编

总 策 划　韦鸿学
执行策划　严　颖
责任编辑　吴语诗　周娜娜　廖　献　蓝雅琳
责任校对　徐蓉晖
装帧设计　王程媛
责任排版　李宗娟

出版发行　广西人民出版社
社　　址　广西南宁市桂春路6号
邮　　编　530021
印　　刷　广西民族印刷包装集团有限公司
开　　本　787mm×1092mm　1/16
印　　张　15
字　　数　216千字
版　　次　2022年9月　第1版
印　　次　2022年9月　第1次印刷
书　　号　ISBN 978-7-219-11393-6
定　　价　68.00元

■ 本书编委会

主　编　陈　洁

成　员　肖　敏　罗传钰　鲁学武

　　　　　邓　珊　李忱宸　梁　昊

序言

2020年11月，由东盟十国和中国、日本、韩国、澳大利亚、新西兰（共15个国家）共同参加的《区域全面经济伙伴关系协定》（RCEP）正式签署，并于2022年1月正式生效。它的生效和建立是亚太区域合作极具标志性意义的成果，也是多边主义和自由贸易的胜利，将给区域经济乃至全球经济的复苏增添新动能，同时也标志着当前世界上人口最多、经贸规模最大、最具发展潜力的自贸区正式启航。为此，我国商务部等六部门发布了《关于高质量实施〈区域全面经济伙伴关系协定〉（RCEP）的指导意见》，旨在通过高质量实施RCEP，以更高水平开放促进更深层次改革。同时引导鼓励企业以RCEP实施为契机，进一步提升贸易和投资发展水平，扩大国际合作，提升质量标准，促进产业升级，增强在国际市场上的竞争力。

目前，新冠肺炎疫情还在全球蔓延，全球经济恢复仍需时日，RCEP的落地生效，从宏观上为区域内的投资营造了稳定的环境，对各成员国来说都孕育着机遇。RCEP成员国中既有日本、韩国等经济、科技发达的国家，又有泰国、马来西亚等自然资源丰富的国家，还有越南、印度尼西亚等人口众多，消费需求、市场潜力比较大的国家。从微观层面上看，RCEP的签订及生效给区域内的投资者带来信心。

RCEP是当前亚洲地区规模最大的投资协定。RCEP协定文本中的投资规则分为文本规则和负面清单两部分。文本规则主要是协定文本第十章（投资）以及第十章的两个附件（习惯国际法、征收）。此外，应注意到协定文本其他章节中也有适用于投资的内容，例如第一章（初始条款和一般定义）、第十七章（一般条款和例外）、第十九章（争端解决）等。除文本规则外，RCEP协定文本附件三（服务和投资保留及不符措施承诺表）列出了各成员方关于投资领域的负面清单。RCEP投资规则涵盖投资保护、投资自由化、投资促进和投资便利化四个方面，既继承了传统投资协定的主要内容，也体现了国际投资缔约实践的新发展。引入“准入前国民待遇+负面清单”制度是RCEP投资规则达成的最重要成果之一。它大幅降低了投资准入门槛，为RCEP区域内投资者带来福利。但要注意的是，RCEP投资负面清单仅涉及非服务业（包括制造业、农业、林业、渔业、畜牧业及采矿业等）。部分成员（澳大利亚、文莱、日本、韩国、马来西亚和新加坡）采用了服务和投资合一的负面清单模式。另外，成员方只允许通过负面清单列出本国采取的与投资章节四个义务（国民待遇、最惠国待遇、禁止业绩要求、高级管理人员和董事会）不符的措施，投资章节的其他义务不能通过负面清单进行保留。再就是RCEP投资负面清单属于国际协定，并不简单等同于一国的外资准入政策①。

正因如此，RCEP区域内的投资也面临着风险。15个成员国既有不同的外资准入政策，也有各自的司法环境，使得各国法律法规、税收政策、办事流程等差异较大。其中有些成员国仍然存在法律不完善或朝令夕改的问题，投资者往往会因对当地法律政策不熟悉而面临经营成本增加的风险。尤其是提议建立RCEP的东盟，虽然其为我国第一大贸易伙伴，也是中国企业对外投资的热点地区，但其内部不仅法律体系各异、信息公开程度不同，还具有政治体制不稳定、文化宗教背景复杂的特点。这些现实情

---

① 《〈区域全面经济伙伴关系协定〉（RCEP）投资规则释疑》，中国自由贸易区服务网，http：//fta.mofcom.gov.cn/article/rcep/rcepjd/202202/47599_1.html。

况很容易导致企业在对外投资过程中出现违规、违法等被称为“水土不服”的行为，乃至于遭受不必要的损失，造成投资失败。

为了方便中国企业在RCEP成员国进行投资，本系列书选取了一些RCEP成员国的投资政策和法律法规进行介绍，同时结合典型案例进行分析，从中提示法律风险及防范措施，并综合分析在境外发生纠纷时如何合理选择解决方式，以妥善解决争议。这可以让赴RCEP成员国投资的中国企业及个人全面了解RCEP成员国的投资环境、投资相关的法律与政策，并在赴RCEP成员国投资前准确评估投资风险和机遇，在进入RCEP成员国投资后合法合规运营，以期实现投资收益的最大化。

本系列书是带有一定学术研究色彩的实务性论著，可以为赴RCEP成员国投资的中国投资者提供必要、系统、及时、专业和实用的法律指导。编者中既有资深中国律师，又有高校及研究机构的专家学者，充分融合了司法实务和法律研究两大领域的优势，他们在写作中力求贴近现实需求，以通俗实用、全面准确的法律、投资政策信息和积极的态度回应企业对外投资面临的实际问题。

作为一名从20世纪90年代就开始研究东盟国际组织的研究者，我很高兴地看到新人的成长，同时也看到我国不仅重视对东盟的贸易、投资方面的研究，还开始重视对东盟成员国的法律、政策的研究，这将十分有利于我国与东盟成员国更好推进高质量共建“一带一路”。本书编者中，既有我的学生罗传钰博士，又有陈洁、肖敏、邓珊、鲁学武等多位广西国际法学研究会会员，在该系列书第一本付梓之际，受他们邀请，谨志数语，是为序。

杨丽艳

（广西国际法学研究会会长、教授）

2022年3月23日于石河边

目　录

绪　论
中企扬帆海外：机遇与挑战并存

怎样到RCEP成员国投资

马来西亚篇

从2003年中国与东盟建立面向和平与繁荣的战略伙伴关系，到2013年“一带一路”倡议的提出，再到2021年中国与东盟建立全面战略伙伴关系，进而到2022年《区域全面经济伙伴关系协定》(RCEP) 的正式生效，中国与东盟的合作经历了跨越式发展。作为东盟成员国之一的马来西亚，与中国有着悠久的良好关系，自然成为中国企业最为关注的投资目的地之一。然而，在马来西亚投资过程中，中国企业依然面临诸多风险。首先，对该国的政治体制及法律体系认知不足，使得企业容易在投资过程中触碰法律红线，招致罚款、暂停营业甚至被迫退出市场的后果。其次，信息获取渠道不通畅、内容了解不全面，加之语言不同，常令中国企业在经营过程中举步维艰。再次，外汇管制及融资模式的对接不顺，也给企业资金流通带来困难，资金支持面临阻力。最后，企业要实现长期运营必须寻求本地化经营，这对企业在企业合规、雇员权利保障、社会责任等方面提出较高要求，需要企业慎重应对。因此，企业需要在事前、事中及事后全过程寻求专业机构支持，借助专业力量，以实现在境外的顺利运营。

第一节　企业在“一带一路”建设中的作用

2013年，国家主席习近平在哈萨克斯坦和印度尼西亚分别提出了共同建设“丝绸之路经济带”与“21世纪海上丝绸之路”（简称“一带一路”）的构想。由此，“一带一路”倡议正式登上历史舞台。

2015年，由国家发展改革委、外交部、商务部联合发布的《推动共建丝绸之路经济带和21世纪海上丝绸之路的愿景与行动》中，明确指出，要“坚持市场运作。遵循市场规律和国际通行规则，充分发挥市场在资源配置中的决定性作用和各类企业的主体作用，同时发挥好政府的作用”。可以看到，企业在“一带一路”建设中起着非常重要的作用。

经过这几年的努力，中国对“一带一路”沿线国家投资稳步增长。截至2020年底，中国2.8万家境内投资者在全球189个国家（地区）设立对外直接投资企业4.5万家，全球80%以上国家（地区）都有中国的投资，年末境外企业资产总额7.9万亿美元。我国投资者在“一带一路”沿线国家设立境外企业超过1.1万家，2020年当年实现直接投资225.4亿美元，同比增长20.6%，占同期流量的14.7%；年末存量2007.9亿美元，占存量总额的7.8%。2013—2020年中国对沿线国家累计直接投资1398.5亿美元[①]。

2022年1—4月，我国企业在“一带一路”沿线国家非金融类直接投资440.1亿元人民币，占同期总额的19.3%，主要投向新加坡、印度尼西亚、巴基斯坦、马来西亚、阿拉伯联合酋长国、越南、泰国、柬埔寨、老挝和孟加拉国等国家。对外承包工程方面，我国企业在“一带一路”沿线国家新签对外承包工程项目合同1384份，新签合同额1954.2亿元人民币，占同期我国对外承包工程新签合同额的49.0%；完成营业额1412.8亿元人民币，占同期总额的54.3%[②]。

党的十九届六中全会通过的《中共中央关于党的百年奋斗重大成就和历史经验的决议》指出：“我国坚持共商共建共享，推动共建‘一带一路’高质量发展，推进一大批关系沿线国家经济发展 、民生改善的合作项目，建设和平之路、繁荣之路、开放之路、绿色之路、创新之路、文明之路，使共建‘一带一路’成为当今世界深受欢迎的国际公共产品和国际合作平台。”可以说，“一带一路”倡议不仅描绘了新时代中国改革开放再出发的壮丽前景，也为世界共同发展提供了巨大的创新动力。其中，企业应当也必将发挥更为重要的作用。《中华人民共和国国民经济和社会发展第十四个五年规划和2035年远景目标纲要》提到，“推动与共建‘一带一路’国家贸易投资合作优化升级，积极发展丝路电商。深化国际产能合作，拓展第三方市场合作，构筑互利共赢的产业链供应链合作体系，扩大双向贸易和投资。坚持以企业为主体、市场为导向，遵循国际惯例和债务可持续原则，健全多元化投融资体系”。可见，在党和国家对“一带一路”建设的未来规划中，“以企业为主体、市场为导向”将成为重中之重。

---

① 《商务部、国家统计局和国家外汇管理局联合发布〈2020年度中国对外直接投资统计公报〉》，中华人民共和国商务部网站，http：//hzs.mofcom.gov.cn/article/date/202110/20211003207274.shtml。

② 《2022年1—4月我对“一带一路”沿线国家投资合作情况 》，中华人民共和国商务部网站，http://hzs.mofcom.gov.cn/article/date/202205/20220503315130.shtml。

第二节 RCEP对中国企业海外投资的意义

在中国推进“一带一路”建设过程中，东盟各国无疑是最为亮眼的合作伙伴。从1991年中国与东盟开启对话进程，到2003年双方建立面向和平与繁荣的战略伙伴关系，到2010年中国—东盟自贸区正式建立，再到2018年《中国—东盟战略伙伴关系2030年愿景》通过，中国—东盟建立对话关系以来，双方把握时代机遇，实现了关系跨越式发展。东盟2019年超过美国成为中国第二大贸易伙伴，2020年又超过欧盟升至第一，直至2021年底，东盟连续两年成为中国第一大贸易伙伴，而中国则连续13年保持东盟第一大贸易伙伴的地位。中国与东盟得益于双方地缘相近、人文相通的得天独厚的条件，携手共进，走过了辉煌的30年。

在政治互信逐渐增强、经贸合作逐渐全面、人文交流逐渐丰富的背景下，2021年11月22日，习近平主席在中国—东盟建立对话关系30周年纪念峰会上，与东盟一起正式宣布建立中国东盟全面战略伙伴关系。并重申，中方将坚定不移以东盟为周边外交优先方向，坚定不移支持东盟团结和东盟共同体建设，坚定不移支持东盟在区域架构中的中心地位，坚定不移支持东盟在地区和国际事务中发挥更大作用。自此，中国与东盟关系迎来了提质升级的新阶段。

当前东盟各国所面对的首要难题，是新冠肺炎疫情防控与经济复苏须同步进行。因此，推动疫苗的生产与技术合作，加强减贫领域的交流，拓展数字经济、绿色经济等新领域合作，以减轻疫情影响并促进本地区经济的复苏和增长，是东盟最迫切的需要。面对东盟的现实需求，中国做出了积极的回应。2021年11月，习近平主席出席中国—东盟建立对话关系30周年纪念峰会时，明确提出要全面发挥RCEP的作用，启动中国—东盟自贸区3.0版建设。2022年伊始，中国与东盟各国的高层互动依然频繁。双方强调，要把共建“一带一路”同中国构建新发展格局、东盟国家中长期发展规划结合起来，统筹推进后疫情时期合作，并提出要在RCEP、数字经济、绿色发展、互联互通、海上合作等具体领域开展密切合作，共同推动区域合作迈上新高度。

可见，作为东盟发起和主导的区域经济一体化合作机制，RCEP体现了以东盟为中心联动亚太各国的互动机制，反映了中国—东盟在政治经济建设与人文治理等领域的利益对接，是中国与东盟下一个30年关系提质升级的重要抓手。为此，第18届中国—东盟博览会期间，在RCEP经贸合作工商高峰论坛上，各成员国共同发布《关于共同促进RCEP加快生效实施的南宁倡议》，提出包括支持RCEP各成员国加快完成国内批准程序在内的一系列呼吁。

作为中国—东盟合作的重要载体，企业是中国与东盟过去30年辉煌成就的重要助力，也是双方总体关系与经贸合作再升级的关键力量。随着RCEP在2022年的生效，对标RCEP规则、加速经贸创新、营造亲商环境、加强中小企业合作成为中国—东盟双方推动企业高质量参与RCEP的关键合作领域。

对于企业而言，RCEP所带来的核心转变主要在于两方面。一方面，企业将以区域视野做投资布局。RCEP的最大亮点，无疑是进一步扩大成员国间货物、服务、投资等领域和市场准入，促进庞大市场内经济要素自由流动，强化成员间生产分工合作。因而，企业以往在某国设立总部，进而将其业务辐射到周边国家的做法已经不够。企业还要深入挖掘不同国家的比较优势，从区位、产业基础、人才构成以及与周围企业的竞合等因素做全盘考量，将原有国别投资策略逐渐转变为区域投资策略。更重要的是，利用RCEP区域内统一的贸易规则，企业在某国获取成功经验的基础上，可以拉上该国“小伙伴”，在第三方市场开展合作，共同开拓区域内新市场。另一方面，企业将以长远眼光丰富价值链。2020年世界经济论坛认为，东盟十国即将迈入社会经济飞跃式进步的阶段。这将会使东盟70%的人口在2030年成为中产阶级，而中产阶级的迅速崛起又将使该地区的消费增长一倍以上。该地区将成为世界第四大经济体，拥有4万亿美元的消费市场。在追求更高性价比必需品的同时，东盟许多新消费阶层将把他们的目光转向奢侈品及非必需品，并愿意为便捷、幸福安康和个性化支付溢价。这些变化反过来亦会对上游的先进材料、生产设备和零部件产生巨大需求。而这些中高端产品的出口恰恰为东盟以外的其他成员方提供了广阔的商机，使其企业有机会占据区域内价值链高位。

第三节　中国企业投资RCEP成员国的主要风险

RCEP成员国法律环境复杂、合规风险高企，因而，企业面对诸多投资商机时，肯定会带着风险意识去看待这些机遇，以免自己的辛苦打拼因一时不慎而付之东流。识别风险、合规建设不仅是企业自身建设的必备良药，也是企业参与海外投资的“必修第一课”。

一、繁杂多元的法律制度带来认知风险

受历史、文化、宗教和地缘等因素影响，RCEP成员国的法律体系分属英美法系和大陆法系，同时，部分信仰伊斯兰教的国家还沿袭着伊斯兰法系传统。此外，因各国经济发展水平和制度传统差异较大，即便是身处同一法系，国家间依然存在着较大区别。基于以上特点，中国与其他RCEP成员国在合作的过程中，都面临着较为复杂的法律环境，中国企业也因此无法全面、清楚地认识东道国的法律制度和环境，导致其在参与项目建设时交了很多“学费”。因此，增进中国与东南亚国家在法律层面的互动，增加企业对东道国相关法律环境和规则的了解，对中国企业参与RCEP成员国的投资尤为重要。

二、信息共享缺乏充分途径

对于RCEP成员国而言，无论是设施联通还是贸易畅通，企业都是参与这方面合作的主力军。其中，承担具体项目建设是企业参与的主要方式。然而，企业跨境投资领域多元，且项目结构复杂，参与主体众多，因此无论是准入阶段还是运营阶段，企业所面临的最大问题，就是无法拥有全面有效的东道国政策及法律信息，如东道国对外商投资在准入权利、范围、环境保护、税收、知识产权、劳务等方面的规定，这给企业投资带来诸多困难。

（一）信息共享渠道有限

信息的公开与共享，是政策沟通的关键。然而，从目前的情况来看，双方的合作往往面临信息不对称的困境。一方面，受制于东道国的资讯发展水平及管制程度，相关信息往往在东道国政府、研究机构、媒体上未能及时、有效且全面地公布，更不用说通过互联网渠道了解，通过公开渠道获取信息存在较大的难度。另一方面，RCEP成员国官方语言种类繁多，即使获取了相关的政策及法律法规信息，也没有能力将其翻译成自己能够准确掌握的语言，导致企业在理解法律术语时出现偏差，从而因“一字之差”而损失惨重。

（二）国内法律服务专业化程度不高

当然，企业自己的法务人员及法律顾问单位，确实可以获得一定的信息。然而，这些人员的专业程度又成为另一个障碍。首先，企业法务人员以及合作的律师事务所更多参与的是国内业务，此前承担RCEP成员国业务较少，缺少针对这些国家的业务经验；其次，即便经过加入世界贸易组织（WTO）后二十多年的磨炼与发展，中国律师事务所的国际化水平仍然较低，在外语的熟练运用上亦有较大差距。

（三）东道国法律服务难以对接

在国内法律专业人才无法满足需要的情况下，企业只能寻求我国驻东道国使领馆、国内律师事务所以及东道国华人商会等渠道，与当地律师事务所进行合作。然而，这些渠道都面临着对接问题：一是律师在提供服务过程中所产生的费用较多，且多以美元、按小时计价，企业所承担的成本高昂；二是企业因对当地法律服务市场不熟悉、对合作对象不了解，即便是高投入也未必获得高回报；三是东道国的许多政策及法律法规并不是以英文作为唯一版本，由于东道国与中国在法律传统和中文教育上的差异，东道国本地律师在中文运用的能力和熟练程度上同样受到限制，这使得企业所获取的信息或不符合中文的使用习惯，或无法达到严谨的要求，给企业后续活动造成了潜在的风险。

三、资金支持存在一定的障碍

（一）融资模式的对接存在误区

当前，RCEP成员中的东盟大多数国家处于高速发展阶段，各国在基础设施建设等领域都需要巨大的资金投入。然而，受制于全球经济复苏缓慢，各国政府的财政预算普遍不高，绝大多数东盟国家都没有足够的财力用于基础设施等领域，因此各国在吸引外资时，多推崇以公私合作（Public-Private Partnership，以下简称PPP）模式为主的融资模式。但是，国际上通行的PPP模式，其社会资本方主要是私营企业，一般情况下国有企业并不被允许以主体的身份参与相关PPP项目，而我国目前有能力参与此类项目的却多是国有企业。再加上PPP模式在我国国内仍处于不断完善的阶段，这使得我国企业在尝试通过PPP模式参与RCEP成员国项目建设时，就会因为对该问题的不熟悉，而在融资模式上产生一定的偏差。

（二）企业在外投资收益的自由转移存在障碍

一方面，因不同国家的资本市场发达程度不同，其资本管制的严格程度也存在着差异，而中国与其他RCEP成员国在投资保护协定中并未对资本转移条款的相关内容进行统一，导致不同沿线国家在履行协定所规定的资本转移义务时也千差万别。另一方面，目前我国在推动人民币国际化方面，虽然取得了一定的成绩，在东南亚地区也获得了一定的认可，但是人民币还无法成为RCEP各国允许自由流通的货币，人民币区域化仍有待时日。这导致企业在合作过程中，出现了一些境外银行对外付款时无法按时汇出、取款时无法正常取出的情况，一定程度上影响了项目投资建设的正常运营。

四、民心相通：本地化运营难度较大

（一）企业法律意识仍需加强

从环境保护到劳工权利，从经营理念到社会责任，中企在境外常常遇到许多争端和冲突。以往中国企业走出去靠低价、质量和资本优势等，现在越发不管用，各国现在更强调合规先行，给中资企业带来新的挑战。一方面，部分中企管理层存在认识误区，认为法律咨询不能产生效益，法律意见束缚了决策者的手脚，在海外投资流程组织上过分倚重技术和商务人员。其次，部分企业过于重视“中间人”文化。一些中企在海外投资时，往往期望通过与政府高层合作的方式获取或推动项目，这给当地人带来了寻租空间，以“中间人”身份游刃有余地周旋于中企与当地政府之间。遗憾的是，这种文化并未给中企规避了风险，反而增加了更多的不可控因素，由此也给企业带来了更多成本和不必要的损失。

（二）法律人才培养不够

在一个新的投资国家开展业务之时，特别需要既了解行业情况，又了解当地情况，还要精通语言的人才。即使现在中国律师事务所已经开始布局海外，但多将目光聚焦于欧美发达国家，缺少熟悉以发展中国家为主的“一带一路”沿线国的法律专业人才。同时，当中企将引进人才的眼光放到当地，通过聘用当地雇员参与企业管理时，企业也会遭遇一定的挑战。例如，当地雇员精英的法律意识强、维权意识高、择业机会也多，这使得中企如对企业人员随意调整、裁减，就有可能违反当地的相关劳动法律，而被当地员工投诉、举报，轻则被政府罚款，重则面临工会抗议或司法诉讼。

（三）RCEP下的合规认识不足

面对亚太区域现有繁杂的双边、次区域和区域自贸及投资协定，RCEP成为东盟试图整合这个区域的“游戏规则改变者”。这不仅仅停留在统一现有规则层面，还要求成员国通过改革促进投资便利化的同时，引导企业更好地进行合规建设，完成转型。例如，在极短时间内通关完毕虽是小小一环，对企业来说却比调低关税更实惠有效。值得注意的是，RCEP考虑到各成员国国情，不仅给予最不发达国家成员特殊与差别待遇，通过规定加强经济技术合作，还允许最不发达国家可自愿确定对服务的具体措施及对服务和投资保留及不符的措施，就国民待遇、市场准入等做出承诺。这种“规则下的包容”既满足了发展中国家和最不发达国家的实际需求，又为企业更好地适应规则，并开展合规建设创造了一定的缓冲池。但这并不能成为企业“钻漏洞”的理由，尤其是当企业面对发达国家成员同行的竞争时，经营活动全流程、全方位合规应是企业安身立命之本。

第四节 马来西亚成为中企投资热点

面对既机遇无限又充满凶险的海外投资环境，选择一个合适且良好的投资对象国，成为企业减少风险、获得收益最大化的首要考量。“一带一路”倡议提出以来，中国对马西亚投资持续升温。马来西亚已日益成为中国企业“走出去”的东南亚首选地。

一、中企在马来西亚的投资情况

中国自2011年开始在马来西亚积极投资，且近年来总投资额持续扩大。根据马来西亚投资发展局（MIDA）2021年发表的声明，2020年马来西亚共批准了913亿林吉特（约合1470亿元人民币）在制造领域的外国投资额，比2019年提高了10.3%。其中，中国在这一领域中贡献了178亿林吉特（约合287亿元人民币），在外国投资中连续5年排名第一[①]。

中企在马来西亚参与投资的大型项目包括马六甲皇京港项目、碧桂园森林城市项目、东海岸铁路项目、巴贡水电站项目、关丹港项目、基都绒

① 《马来西亚：中国连续5年在制造领域成为马最大投资国》，央视网，https://m.news.cctv.com/2021/03/02/ARTIIu9xe2Bh1azF5LQxna9u210302.shtml。

燃气循环电站项目等。除了对当地地产和基建项目的联合开发，中国投资也涵盖了电信、汽车、高科技等制造业、服务业的各个领域。

2020年，受到新冠肺炎疫情的影响，全球经济遭受沉重打击。但是马来西亚投资发展局表示，2020年，中国是马来西亚最大的外国直接投资（FDI）来源，制造业、服务业和初级部门的4599个项目获批投资总额为2472.8亿元人民币。该局表示，中国、新加坡和荷兰是马来西亚整体经济部门的三大外国直接投资来源，占当年批准的外国直接投资总额的一半以上。截至2021年底，中国已经连续13年蝉联马来西亚最大贸易伙伴。

就投资产业而言，几十年来，中国企业的投资也日益多元化，基础更加广泛。20世纪90年代，投资主要集中在橡胶制品、食品制造等资源型产业。2000—2016年间，马来西亚获得中国企业大量投资的行业是金属制品、电子电气产品和非金属矿产品。随着中国对外直接投资战略在全球发生转变，很多中国投资者将资金投入马来西亚的房地产、建筑、消费和零售、石油和天然气制造等领域。

随着双边关系的加强，中马两国经贸战略依存度更高，经贸合作规模更大、基础更深厚。当前，我国企业与马方开展投资、承包工程、劳务合作步伐加快，互利合作项目不断涌现，呈现出“旗舰引领、百舸争流、西马升级、东马拓展”的态势。由于中马两国关系基础扎实、共同利益广泛、经济结构互补，在后疫情时代，两国经贸合作必将大有作为。

二、马来西亚对中企的吸引力

（一）政治互信基础扎实

受历史及文化等原因的影响，马来西亚与中国的友谊长久且牢固。1974年5月31日两国建立外交关系后，马来西亚成为第一个与新中国建交的东盟国家，第一个邀请中国加入东盟“10+1”的国家，第一个邀请中国参加东南亚峰会的国家。1999年两国政府签署关于未来双边合作框架的联合声明，宣布建立全方位的睦邻友好合作关系。2004—2012年间，两国高层互动频繁，推动了中马合作进入新的历史时期。

“一带一路”倡议提出后，马来西亚做出了积极的回应，两国高层互动愈加密切。借助高层的紧密互动，中马两国不仅在政治层面加强了彼此尊重和信任，以相互理解和支持为原则照顾彼此的重大关切，还借助高层政策沟通这一顺畅渠道，就增进高层交往、共建“一带一路”、推进产能合作、加强区域互联互通达成一系列共识，明确了中马关系未来40年的发展方向，为两国经贸领域、规划、平台、项目等的深化合作带来多重利好，将两国友好合作关系推向新的高度，也为两国企业投资合作提供了强有力的支持。

（二）经济环境稳定

马来西亚南北连接亚洲和大洋洲，东西连通太平洋和印度洋，正好地处两大洲和两大洋的十字中心。尤其是其西临的马六甲海峡，是世界上通航历史最悠久、航运量最大、最繁忙的海峡之一。这也使得马来西亚地处东南亚中心位置，扼守马六甲海峡，位于东盟陆海相接之处。同时，较之其他东盟国家，马来西亚气候宜人，虽地处海洋，但受地震、台风等自然灾害的影响偏小。自然资源也非常丰富，如石油、天然气、锡矿、木材、棕榈油和橡胶等，都是外国投资者最丰富的原料采购库，且水电资源也较为充沛。

得益于得天独厚的地理环境、丰富的自然资源，再加上较为健全的法律体系、充足的人力资源、低廉的劳动力成本等优势，马来西亚建立了开放的以国家利益为导向的新兴工业化市场经济。

为了吸引更多的海外投资，马来西亚为全球投资者提供了一系列便利条件，如高效的法律体系、高技能且英语熟练的劳动力以及具有发达基础设施的弹性经济基础。根据瑞士洛桑管理学院（IMD）发布的《全球竞争力报告》，马来西亚一度在全球最具竞争力的市场中排名第14位，在人口超过2000万的国家中排名第5。世界银行《2020年营商环境报告》，将马来西亚列为东南亚地区第2名，全球第12名。

在“一带一路”倡议及RCEP的带动下，马来西亚也采取了积极的回应。作为21世纪海上丝绸之路沿线国家，马来西亚不仅全力支持“一带一路”倡议，还希望借助独特的区位优势，通过共建“一带一路”加快自身发展。2022年3月18日，RCEP对马来西亚正式生效，在给马来西亚与周边国家带来更紧密经济关系的同时，也强化了马来西亚振兴经济的计划，促进商业活动及投资往来、货物进出口、更大的市场共享及更广的跨境供应。

（三）对中国投资持续友好

为了更好地吸引和服务外资，马来西亚政府成立了投资发展局（MIDA）。作为马来西亚领先的一站式中心和主要投资促进机构，MIDA不仅大力促进投资，而且与该国其他机构合作，就投资促进战略进行协调。MIDA致力于吸引大型跨国公司在马来西亚建立创新业务、人才中心以及提供高价值服务，出台了一系列简化和增加外国投资的措施，同时还为外国公司制定了极具竞争性的激励措施，以吸引其赴马投资、迁址或与当地企业进行合作。对于投资者而言，MIDA可以满足其从开始运营、转移基地到与本地企业合作的各项需求。不仅如此，该机构还可为外国公司提供多种优惠，如为公司提供制造促销产品或从事促销活动方面的优先资格，以及降低合格项目的公司税率等。这对于寻求扩大在马来西亚投资的外国投资者而言，无疑是双赢的结果。

目前，马来西亚欢迎来自全球的投资，包括来自中国的投资。数据显示，截至2020年9月，至少有97家来自中国的公司直接从MIDA的援助中受益。由于中美贸易摩擦所引发的不确定性，考虑到马来西亚与这两个国家的牢固外交关系，马来西亚被认为是各国公司的一个理想避风港。

为此，马来西亚政府特别出台了一项被称为“中国特殊通道计划（CSC）”的措施，通过MIDA为投资者们创造更多机会与价值。在马来西亚国际贸易和工业部（MITI）的共同努力下，CSC于2019年启动，旨在通过吸引战略性外国直接投资，为推动经济发展提供全面的工业生态系统。

根据与中国各商会达成的协议备忘录，该措施将对促进和加强各方之间合作起到积极推动作用。CSC希望简化中国公司的业务申请流程，并将中国投资者与马来西亚生产基地、本地供应商和人才支持相匹配。迄今为止，MIDA一直努力通过其在北京、上海和广州的海外中心，以及MIDA总部的中国工作组，积极寻求中国投资者的参与。

此外，为了简化投资者在马来西亚开展业务活动的手续，MIDA于2020年7月实施了电子制造许可证（e-ML）。该许可证允许外国公司在线提交新项目申请，同时为其提供有关申请要求的完整指南。同期还推出了其他优惠举措，以加快税收激励措施的审批和关税的豁免流程，进一步加快项目的执行。MIDA特设的项目加速与协调处（PACU），将进一步帮助中国投资者加快在马来西亚的投资进程。该团队所提供的其他便利还包括为投资者的项目实施和运营提供手把手的支持，以及与马来西亚相关部门进行直接咨询并给予国家级合作方面的帮助。

第五节　专业机构在助推企业成功“走出去”中发挥的作用

企业境外投资成功与否，取决于几个关键阶段对关键问题的处理。首先是起步阶段如何顺利“走出去”的问题；其次是在运营阶段如何在投资东道国站稳脚跟的问题；最后是在境外遭遇纠纷和困难时如何解决的问题。解决以上每一阶段问题时，企业所面对的外部环境及对企业自身的能力要求都不尽相同，不同国家的政策、法律、文化的差异也增加了解决这些问题的难度。企业仅凭一己之力往往难以寻求最佳解决方案，因此，企业必须善用境内外高质量的专业服务团队做“军师”，吸取专业意见，落实正确方案，方能在每个阶段都做“常胜将军”。具体而言，以在马来西亚基础设施项目投资为例，项目前期策划、项目实施、运营管理、项目退出及后评价整个过程内对企业及项目团队的各方面专业能力都有很高的要求。需要企业具备全面的风险识别与评估能力，法律法规分析能力，合同管理能力，财务、税务筹划能力，项目管理能力，等等，与国内传统的施工管理总承包有本质的区别。若仅仅依靠在国内的项目操作模式及经验，忽视对国外环境的评估，则往往容易导致项目实施受阻，合同履行遭遇风险，违约受罚等不利后果。所以，结合不同阶段专业服务机构发挥作用的不同，企业聘请专业服务机构时也有多重因素需要考量。

一、企业境外投资起步阶段

万事开头难，企业在境外投资的起步阶段引入专业咨询机构是非常重要的。一方面，企业要对拟投资国家和地区对外商的投资政策和各种相关的法律法规、风俗习惯、市场状况、消费特点、产业竞争力等进行深入了解；另一方面，要对境外合作伙伴进行风控调查，对项目融资方案、融资安排、财务测算及税务规划等方案进行设计，从而才能论证项目的可行性并为将来的运营做好预案。因此，境外投资起步阶段必须进行市场调研和尽职调查，在此期间能否获取专业的报告，往往成为项目成败的关键因素之一。专业咨询机构则是完成此项工作的不二之选，此时聘请专业机构主要考量该机构的可信度、专业水平、对项目所在国的了解程度、是否参与过类似项目、收费等方面。就投资马来西亚而言，以下几个环节有必要引入专业机构。

（一）外资准入政策的把握

马来西亚奉行较为开放的经济政策，但是出于对本国部分行业的保护，对外资准入也有管制政策，专业机构能够帮助企业对马来西亚有关准入政策有一个清晰的认识，避免在设立商事主体的过程中碰壁，从而顺利在马来西亚开展商业活动。

（二）企业注册及各类执照的申办

在马来西亚投资的起步阶段首先要解决的是公司注册和申办各类执照等问题。按照马来西亚关于外国投资者注册的相关法律法规，马来西亚各类申请文件及公司文书均须企业董事亲自签名，并加盖公司的正式印章。中国企业须按照要求，提前备齐所需文件，及时履行相关手续。其中执照的申请程序复杂，文件繁多，审批时间较长，需要交涉的事务头绪纷繁。在此过程中，中国企业应聘请专门的公司秘书和专业律师协助处理有关申请事宜。

（三）投资优惠政策的享受

马来西亚政府虽然制定了多项投资优惠政策和鼓励措施，但是这些政策不能自动获得，企业必须向政府主管部门提出申请，政府根据企业情况酌情给予一定优惠政策。个别优惠政策的批准，可能涉及多个政府部门，如州政府和联邦政府，企业可享受的优惠政策取决于政府部门的最终协调结果。专业人士的指导，将提高企业向政府申请有关优惠的成功率。

二、企业境外投资运营阶段

从中国“走出去”只是企业境外投资的第一步，只有在境外站稳脚跟，真正融入东道国的投资环境，才能实现企业的行稳致远。不同国家的国情、文化、法律、习惯千差万别，非本土企业如何解决水土不服的问题，还是得借助专业机构。

（一）适应国外与国内不同的法律环境

马来西亚在独立前，曾经是英国殖民地，因此其法律体系受英国影响很深，成文法与判例法在商业活动中都发挥作用。中国企业到马来西亚投资首先要注意法律环境问题，聘请当地有经验、易于交流的律师作为法律顾问；由律师对雇员进行普法教育，让雇员了解在马来西亚工作生活必备的法律常识和突发事件应对措施，做到知法守法。企业在经营中要严格遵守马来西亚各项法律规定，密切关注当地法律变动情况；处理与法律有关的事务，涉及投资经营重大问题和合约谈判及签署，由专业律师提供法律意见作为决策参考，从而做到依法合规经商，防范风险。

（二）寻求当地政府帮助和支持

马来西亚联邦和各州政府均重视外国投资。中国企业在马来西亚开展投资合作期间，要与当地有关政府部门建立密切联系，及时通报企业发展情况，反映面临的困难和问题，寻求政府部门更多的理解和支持。中国企业应主动加入马来西亚中资企业总商会，在总商会的管理下，加强与马来西亚政府、工商界以及中资企业间的联系和交流，守法经营，协调解决经营中的问题。遇到突发事件，向中国驻马来西亚使领馆报告，同时及时与马来西亚当地政府主管部门联系，争取支持。

三、维权和救济阶段

风险与机遇并存，企业境外投资全过程中风险无处不在，遭遇困难和发生纠纷在所难免。企业海外权益保护，除了借助政府外交和企业自身行为外，另一重要的途径就是聘请专业法律机构。

（一）取得中国驻当地使领馆保护

中国公民在他国境内的行为主要受国际法及驻在国当地法律约束。中资机构或公民遇到重大问题和事件或合法权益受到侵害时，应及时向使领馆报告，寻求领事保护。中国企业在马来西亚投资注册或项目启动后，应按规定到使馆经商处报到备案，汇报企业有关情况，建立联络渠道并保持与经商处的经常性联络。

（二）聘请律师进行维权

由于马来西亚民商事法律比较复杂，加上语言差异，中国企业应该聘请律师处理企业的法律事务，一旦涉及经济纠纷，可以借助律师的专业知识寻求法律途径解决，维护自身利益。但是部分企业存在认识误区，认为既然是在国外投资就只聘请国外的律师，忽视了国外律师虽然具备熟知该国法律制度的优势，但是由于文化的差异，对中国企业内部管理制度缺乏了解，有时很难把握企业关注的焦点，可能导致错过处理问题的关键节点或者给予的意见不能完全切中要害。经验表明，解决跨境纠纷，通过国内外律师的合作既能提高效率又能制定出解决问题的最佳方案，还可以节约企业维权成本。近年来，随着“走出去”的中国企业越来越多，中国与“一带一路”沿线国家的法治合作也在加强。特别是中国与东盟国家之间的合作，主要体现在中国律师事务所境外分支机构的设立、国外律师事务所中国代表处的设立，以及中外律师事务所之间点对点合作关系的建立。例如：广西A律师事务所与马来西亚B律师事务所于2020年10月签订合作协议并互设海外办事处，两家律师事务所在东盟法律业务板块建立了长期深入的合作关系。一方面双方均在对方办公地点设海外办事处，为中国和马来西亚的企业提供法律咨询服务，另一方面通过案件合作和专题研讨会，为多家企业提供了跨境法律服务。曾有一家马来西亚企业前往迪拜投资一个建设工程施工项目，该项目发包人是一家中资公司在迪拜设立的子公司，马来西亚企业已完成施工，但该中资子公司未付清工程款，于是马来西亚企业在迪拜起诉了该中资子公司，并取得了胜诉判决，但是执行遭遇障碍。该马来西亚企业为此咨询了马来西亚B律师事务所，鉴于该案件涉及中资企业以及所涉问题的复杂性，在征得该企业同意的情况下，B律师事务所决定与广西A律师事务所合作研判案件。广西A律师事务所律师了解案情后，迅速收集所涉及的中资企业的相关资料，开展尽职调查，并通过B律师事务所持续与马来西亚企业沟通相关证据细节，推进法律文书在迪拜的翻译和公证认证。经过两家律师事务所的通力合作，制定出了一套为马来西亚企业主张合法权利的可行方案，该方案获得马来西亚企业的高度认可，最终决定聘请中马两家律师事务所共同代理该案件。

上述实践充分体现出跨境法律服务机构紧密合作在救济企业权利时的突出优势。选择值得信赖的专业机构，在境外投资的各环节适时借力高质量的专业服务，是企业海外投资制胜的一项法宝。

第一章
投资方式的选择

不同的投资方式具有不同的优势和缺陷。对于投资者而言，选择一种恰当的投资方式，不仅能够有效防止投资风险的发生，而且能够保证自己的投资获得一定的收益。因此，投资者在进行实际投资时，应当结合自身的投资规模、投资国别、经营业务、投资合作伙伴、投资管理模式、投资风险防范等因素选择恰当的投资方式。在马来西亚，投资者可以选择的主要投资方式有个人独资企业、合伙、有限责任合伙以及公司等。投资者在选择具体商业实体时，应该考虑以下几个因素：一是设立商业实体应满足的条件和需要完成的程序。不同的商业实体，设立时需要满足不同的条件，同时有着不同的程序以及不同的成本费用。二是投资者和商业实体之间的责任问题。不同的商业主体，其法律上的独立性有所不同。商业实体是否具有完全的独立性，在一定程度上影响商业实体和投资者之间的责任承担。三是商业实体存在的连续性问题。一些商业实体可能是永久存在的，然而，另外一些商业实体的存在与所有者的身份密切相关。四是商业实体的可转让性问题。一些商业实体允许所有者将其权利转让给第三方，而不影响商业实体的地位。五是税收因素。对于一些商业实体而言，是按照他们的经营规模来纳税的。

第一节　个人独资企业的优势及风险

一、个人独资企业的概念

个人独资企业如其名称所示，是指一个自然人以自己的名义经营的企业。根据《1956年马来西亚商业注册法》的规定，个人独资企业是由一个人设立、经营和拥有，即独资经营者拥有的商业经营实体。从法律地位来看，个人独资企业往往不具有独立的法律人格，作为投资者的自然人，其人格往往和独资企业的人格发生混同。国家采取个人独资企业的基本目的，是让那些愿意从事商业经营的自然人能够通过这种相对便利的商业形式从事商业投资活动和经营活动。这种商业形式有利于大众创业，便于那些投资规模小、经营业务内容单一的初始投资者选择。

二、个人独资企业的优势

（一）出资灵活

在所有的商业形式中，个人独资企业的出资最为灵活和简单。这是由个人独资企业的法律地位以及个人独资企业和出资者之间的法律关系所决定的。如前文所述，个人独资企业不具有独立的法律人格，其法律人格往往依附于出资者个人，尤其是在对外责任方面。即在个人独资企业不能清偿对外债务时，应当由出资者个人来承担相应的清偿责任。基于这样的法律关系，法律对于个人独资企业的出资并没有做严格的限制和规定。只要出资者个人认为，其出资能够足以满足个人独资企业的自身经营需求即可。法律并没有规定个人独资企业的最低出资额，也没有对出资的形式做出强制性规定。在实践中，出资者个人可以根据自身实际情况，结合所从事的商业需要，灵活决定出资金额及出资形式。这些出资，可以是货币，也可以其他形式的非货币出资；可以是出资者自身的资产，也可以通过借贷、租赁等方式获得他人的资产。灵活的出资方式，有利于鼓励自然人从事相关的商业行为。一般来说，在创业之初，尤其是缺乏足够资金的情形下，选择个人独资企业的商业形式，有利于创业者积累资金，在时机成熟时，选择规模更大的商业经营方式和投资方式。

（二）**管理简单**

尽管个人独资企业不具有独立的法人地位，但这并不影响个人独资企业拥有自己的商业名称。依照《马来西亚个人独资企业法》的规定，个人独资企业在依法注册登记商业名称后，应当以注册的商业名称开展各种商业经营活动和对外活动。由于个人独资企业经营规模小，经营内容单一，其管理内容较为简单。投资者为了节省成本，往往会选择自己直接经营管理。投资者也可以根据商业经营和专业管理的实际情况，选择他人进行管理。对于个人独资企业而言，一般不设立分层次的权力机构、执行机构及监督机构。简单自由的管理方式，会帮助投资者降低个人独资企业的管理成本，提高企业的经营效益。因此，个人独资企业适合那些不需要专业管理知识的小规模的服务行业。

（三）**注册便利**

个人独资企业的优点之一是它的成立和注册手续少而便利。《马来西亚个人独资企业法》并没有对自然人投资设立独资企业进行注册做出强制性要求和明确规定。但是，根据《1956年马来西亚商业注册法》的规定，在马来西亚境内开展商业经营行为，应当依照该法相关规定，进行相应的注册。因此，个人独资企业作为一种商业经营方式，仍须依照商业注册法的规定，在个人独资企业开始商业经营业务之日起三十日之内，完成注册手续。注册完成后，注册官向个人独资企业颁发注册证书。整体而言，个人独资企业的注册内容简单，主要涉及个人独资企业投资者的个人基本资料和信息。

三、个人独资企业的风险

（一）无限连带责任风险

企业资产与个人资产或经营企业的人的义务之间没有分离。个人独资企业经营者签署所有与企业有关的合同，拥有企业的全部资产，并对企业的一切债务承担个人责任。独资企业的管理取决于投资者一个人，投资者对独资企业产生的责任是无限的。尽管个人独资企业经营所获得的所有收入归投资者所有，但投资者要对独资企业产生的税费、债务承担最终的法律责任，且此类责任往往是无限的连带责任。因此，投资者在选择个人独资企业前，应当谨慎考虑此类商业形式将来可能带来的责任风险。

（二）融资风险

对于个人独资企业而言，出资人往往需要自己经营管理或者雇佣他人经营管理企业业务。如果出资人自己没有足够的资金，可以从他人、借贷机构借贷获得所需的资金。对于个人独资企业的出资人来说，从银行或者其他借贷机构借贷一般需要提供担保才能获得借款。因此，个人独资企业在融资方面有一定困难，并且融资的规模会受到限制。个人独资企业的出资人独立承担贷款的本金和利息偿还责任。同时，个人独资企业出资人独立承担独资企业对外经营产生的所有债务。显然，对那些规模小的商业经营者们很适合选择个人独资企业的模式。当经营规模越来越大，需要的资金和人力越来越多时，个人独资企业无法满足这种需求。这种情况下，经营者可以考虑采取合伙企业的形式或者公司的形式。

由于个人独资企业所产生的收入是业主的收入，所以从本质而言，业主是真正的纳税人，而个人独资企业的亏损或利润可以抵销其业主的收入。

第二节　合伙企业的优势及风险

一、合伙企业的概念及种类

（一）合伙企业的概念

合伙企业是由两个或两个以上的人共同经营以获利为目的而成立的一种企业组织。合伙是由一定数量的合伙人从事共同的业务而形成的。在马来西亚，除了纳闽联邦直辖区规定了有限合伙形式外，其他地区没有特别限定合伙的形式。《1961年马来西亚合伙法》第3条第2款将合伙定义为“以营利为目的共同经营业务的人之间存在的关系”。

因此，非常重要的一点是，以合伙方式从事商业经营，必须至少有两个人同意共同做一项有利可图的生意。根据《1961年马来西亚合伙法》第47条第2款以及《2016年马来西亚公司法》第13条规定，合伙关系中合伙人的最大人数为20人。

（二）合伙企业的种类

马来西亚合伙分为普通合伙和有限责任合伙。两种合伙分别由不同的法律调整。普通合伙由《1961年马来西亚合伙法》调整，有限责任合伙由《2012年马来西亚有限责任合伙法》调整。依照《1961年马来西亚合伙法》的相关规定，普通合伙企业的各个合伙人要对合伙对外经营期间发生的各类债务承担共同连带责任，不允许合伙人承担有限责任。和有限责任合伙不同，普通合伙一般不具备独立的法人资格。依照《1956年马来西亚商业注册法》的规定，成立合伙企业须依法向马来西亚公司委员会登记注册。

《1961年马来西亚合伙法》规定了合伙人之间以及合伙人与第三方之间的关系。普通合伙企业不是一个独立的法律实体，与公司的股东不同，合伙人不得对普通合伙企业承担有限责任。这意味着，如果普通合伙企业的资产不足以清偿与普通合伙企业业务有关的债务，所有合伙人都有责任共同向债权人清偿债务。在普通合伙企业的正常经营活动中，由于合伙人的错误作为或者不作为给第三人造成损失的，全体合伙人应当承担连带责任。当合伙人的身份发生变化时，原普通合伙企业即宣告解散。但在实践中，合伙协议通常规定，当合伙人发生变化时，普通合伙企业继续存在。

由于普通合伙企业的合伙人对合伙企业的债务承担连带责任，因此，若普通合伙企业业务经营不善对外产生债务时，合伙人自己的个人资产将处于风险之中。

2008年4月，马来西亚公司委员会发布了有限责任合伙企业咨询文件，并于2011年12月30日向议会提出了有限责任合伙法案。该法案于2012年2月9日在宪报上予以公布。《2012年马来西亚有限责任合伙法》于2012年12月26日生效。

根据《2012年马来西亚有限责任合伙法》第6条的规定，任何两名或两名以上因从事合法业务而有关联的成员，均可组成有限责任合伙企业。因此，一个有限责任合伙企业必须至少有两个合伙人，但不限制合伙人的最大数量。

如果合伙人人数少于两个时，需要在六个月的时间内，将合伙人数增加到至少两个。唯一合伙人可向有限合伙人注册官申请延长期限。然而，与普通合伙不同的是，有限合伙是一个法人团体，具有独立于其合伙人的法律人格，并具有永久继承权。合伙人的变更不影响其存续。由于有限责任合伙具有法人资格，它可以签订合同、起诉和被起诉、收购和持有财产，以及作为法人团体可能做的任何其他行为和事情。

截至2020年12月31日，有30059家有限责任合伙在马来西亚公司委员会注册。有限责任合伙与普通合伙关系类似，参与者是合伙人，但具有更灵活的管理结构。有限责任合伙必须包括两种类型的合伙人：普通合伙人和有限合伙人。有限责任只适用于不参与合伙管理的有限合伙人。有限责任合伙企业与公司类似，因为有限责任合伙企业与合伙人在法律上是独立存在的。有限责任合伙企业有权承担义务和产生的债务，合伙人无须对有限责任合伙企业的债务承担责任，除非这些债务是由合伙人的不当行为或不作为或未经授权而造成的。有限责任合伙企业亦须向有限责任合伙注册官提交若干财务文件，例如有关其偿付能力的年度报表。然而，法律对有限责任合伙企业并没有审计要求。

根据《2012年马来西亚有限责任合伙法》第3条的规定，有限责任合伙企业具有独立的法人资格和行为能力，合伙人的变化不影响有限责任合伙本身的存续、权利和责任。该法第六章第44条至48条专门就外商有限责任的合伙做了明确规定。外资有限责任合伙企业非经依法注册不得从事商业经营活动。未经注册却以有限责任合伙名义从事商业经营的，若构成犯罪的，应处25000林吉特罚金或者判处3年以下有期徒刑，或者并处25000林吉特罚金和3年以下有期徒刑。合伙人个人并不直接承担有限合伙企业对外产生的合同、侵权等责任，也不承担有限合伙企业其他合伙人的不当行为或过失造成的损失。

二、合伙企业的优势

（一）商业登记较为简便

马来西亚合伙法并不要求合伙企业向任何机构进行登记。然而，就合伙业务而言，合伙业务必须向商业注册官注册。根据《1956年马来西亚商业注册法》第5节的规定，必须提供合伙人的详细资料和他们的协议。如有任何更改，应在30天内通知商业注册官。根据《1956年马来西亚商业注册法》第6节的规定，商业注册官保存的登记册是合伙企业中合伙人身份的初步证据，这对处理合伙企业的第三方很重要。

（二）合伙人均可参与合伙企业的管理

合伙企业通过合伙代理制度完成对合伙企业的管理。每个合伙人都是本合伙及其他合伙人就合伙业务而言的代理人。因此，当他的任何行为是为了以合伙通常的方式继续经营合伙企业的业务时，合伙及其合伙人都受到约束。例外情形是：第一，他没有得到其他合伙人的授权，而第三方知道他没有权力；第二，第三方不知道或不相信他是合作伙伴。

（三）合伙协议是管理合伙企业的基础

合伙企业的经营、管理、利润分配、债务分担均可以通过合伙人之间签订的合伙协议来处理。因此，合伙协议是管理合伙企业的基础性法律文件。必须牢记的是，合伙协议只约束合伙人，不约束知晓该协议的第三方，除非该第三方同意受此约束。合伙人可以就其责任和损失的分摊达成协议，但这与合伙企业打交道的第三方无关。合伙协议可能涉及的一些重要领域主要有对资本的贡献、分配利润、分摊损失、业务管理、参与合伙企业业务活动的报酬。

如果合伙协议对上述内容没有具体规定，则合伙人的权利按照合伙法的规定：在考虑合伙人对合伙资本贡献大小的基础上，平等分配利润，平等分摊损失。合伙业务的管理可以由每个合伙人承担，参与合伙企业业务没有报酬。只有在全体合伙人同意的情况下才可以引入新合伙人。经全体合伙人同意，才能变更合伙企业业务性质。合伙企业财产仅用于合伙业务。

三、合伙企业的风险

合伙企业的主要风险是责任风险，责任风险一方面来自合伙本身，另一方面来自其他合伙人的经营管理行为。在合伙企业中，每个合伙人应与其他合伙人共同承担其作为合伙人期间所发生的合伙企业债务。合伙人具有共同责任，如果合伙企业不能偿还债务，债权人可以采取行动，获得对合伙企业的责任判决。但是，合伙企业的财产不足以满足判决数额的，债权人可以对合伙人的财产申请执行判决责任。

根据《1961年马来西亚合伙法》的规定，退出合伙的合伙人仍可继续承担其退出前已承担的合伙债务及义务。合伙人之间与此相反的任何协议对任何债权人都没有约束力，除非债权人是该协议的一方。这符合相对性原则，只有合同双方可以起诉或被起诉。合同对第三方没有约束力。

合同当事人约定以新合同代替旧合同，或者变更合同、解除合同的，原合同不再履行。此外，退出的合伙人必须接受《1961年马来西亚合伙法》第38条的规定并据此行事。即将退出的合伙人应向所有在其退出前与合伙有业务往来的人士发出明确通知。否则，该第三者有权在收到有关商号章程变更的通知之前，视该老商号的所有成员仍为该新商号的成员。

合伙企业的债权人可以决定只对其中一名合伙人提起法律诉讼，以收回合伙企业所欠的债务。虽有合伙协议，该合伙人仍有清偿债权人未清偿全部债务的义务。这就是共同责任的效果，因此，对于债权人来说，最重要的是每个合伙人要对合伙企业的债务承担连带责任。

此外，依照《1961年马来西亚合伙法》的规定，每个合伙人对在合伙业务的正常经营过程中所做的任何不当行为或不作为或不当使用资金承担连带责任。此种情形下合伙人的责任是连带的，受害人可以对所有合伙人提起诉讼，也可以选择起诉一名或多名合伙人。

有限责任合伙的特殊责任制度。有限责任合伙的负债完全由有限责任合伙的资产承担。合伙人不承担个人责任。然而，有限责任合伙的合伙人如犯侵权错误，仍须就其在有限责任合伙业务过程中所犯的不作为的错误行为，向受害人承担个人责任。他将与有限责任合伙一起承担责任。有限责任合伙须保留适当的会计记录最少七年。该合伙企业必须编制真实及公平的财务报表，但此类报表无须审核或送交注册。相反，有限责任合伙必须向注册官提交关于其偿付能力状况的年度报表。企业的债权人在向企业提供信贷之前，仍可以要求企业提供经审计的财务报表。

第三节　公司的优势及风险

公司和个人独资企业、合伙企业的最大区别在于，自公司获得成立证书之日起就具有独立的法律人格，具有独立于其股东的法律地位。公司和公司股东应当承担各自的责任。公司是马来西亚的重要商业主体形式，马来西亚的公司可以注册为股份有限责任公司、保证有限责任公司或无限公司。

一、公司的概念

公司是一个组织，被用作进行商业业务的重要载体之一。注册或注册过程通常是由一些人发起的，这些人同意投入他们的资金和资源，并希望将公司作为一种业务载体，他们一般被称为公司的发起人。公司注册完成后，作为具有自己的权利和义务的法人而成立，即独立于其成员之外的法人实体或法人人格。一个注册的公司独立存在于发起人和后来成为其股东的人。

二、公司的优势

（一）独立的法人人格

公司作为独立其股东的法人，具有订立合同和承担法律义务的独立能力。它有自己的法律人格，独立于其股东和工作人员。其股东、工作人员的变更不影响其法人资格。公司存续至公司注册处通过清算或撤销注册而将其从登记册除名为止。

（二）**有限责任**

公司有限责任制度的确立，将投资者从传统的商业主体的无限连带责任中解放出来。在公司有限责任制度下，如果公司已经产生了对外债务和义务，公司的资金必须用来履行公司对外债务。一般而言，如果公司的资金不足，公司股东将不会被要求偿还任何公司的债务。股东的责任限于他们已占用但未支付的股份数量。公司独立的法律人格犹如一层“面纱”将公司和公司的股东相互分离。一般情况下，法律仅止于“面纱”前面的公司，不可及于“面纱”之后的股东，即法律不能让公司股东承担应由公司独立承担的责任。但是，公司的这种法律人格独立和责任并不是绝对的，如果公司股东为逃避责任以欺诈手段设立公司，或者操纵公司使得公司丧失了其独立性时，公司和公司股东之间的这层“面纱”将被揭开，公司股东将对公司所产生的债务承担连带责任。依法成立的公司具有诉讼法律主体资格，以自己独立的名义起诉、应诉并承担相应的诉讼法律责任。公司同时具有自己独立于其股东的公司财产。不像自然人会死亡，公司具有永久存续的地位和资格，除非该公司依法被除名。

（三）**股份可转让性和健全的管理机制**

对于股份有限责任公司而言，公司股东所拥有的股份可转让给他人。公司是一种颇受投资者欢迎的商业组织形式，因为它具有独立的法人资格和股东的有限责任。独立的法人资格使公司可以继续经营，而不必在其股东发生变化时关闭。公司股份的可转让性也使曾投资于该公司的股东能够轻易地出售其股份。这使得投资者选择以公司方式进行投资比选择合伙方式进行投资更有吸引力。

公司治理结构由股东（大）会和董事会组成。双方都有权力为公司做决定。《2016年马来西亚公司法》对这两个机构可行使的权力做了明确规定。一般来说，公司的决策权由公司股东（大）会来行使，而管理公司业务的权力被授予董事会。权力的分工以及通过雇佣具有专业管理技能和经验的人员来管理公司业务，使得那些不愿参与公司管理的投资者不必参与企业管理成为可能，同时这也使更多既没有技能也没有商业经验的人能够将公司作为一个有吸引力的投资工具。在大多数大公司里，管理权通常被下放给公司的员工。因此，健全且专业的管理机制是吸引投资者选择公司形式进行投资的重要原因之一。

（四）永久存续

公司将继续作为法人存在，直至其通过清算程序并被注销，或者公司因撤销注册或从登记册中除名而不复存在。公司股东的变化不影响公司本身的继续存续。虽然股东可以退出公司，但是公司仍然继续存在，直到通过清算程序解散。公司存续的独立性，有效避免了股东发生重大变化而对公司产生不利影响的后果。

三、公司的风险

与其他类型的商业形式相比，管理公司的规章制度更多。因此，公司在财务、时间和资源方面付出的成本将更高。例如，一个公司有报告其财务记录和状态的义务，并有义务对其财务报表进行审计。另外，公司更容易受到公众的监督。依照公司法的规定，公司必须向公司登记机构和监管机构进行公司注册等方面的登记和备案，同时，要求公司将注册登记的相关文件置于特定场合供公众查阅。由于公司负有报告义务，通过公司进行的业务信息不能保密。一些投资者可能不喜欢这样的披露和报告义务，尤其是如果这些信息可能向公众披露或暴露他们的财务状况。

第二章
设立公司的法则

怎样到RCEP成员国投资

马来西亚篇

与个人独资企业、合伙企业相比较，公司在大规模融资、投资者有限责任、公司业务专业管理等方面具有比较优势，因此，在投资实践中，尤其是在跨国投资中，大部分投资者选择以公司形式开展国际投资业务。当投资者决定采用公司形式进行商业经营时，其所面临的首要任务是如何有效设立一家适应投资者需要的公司。公司设立问题，不仅涉及实体法律规则，如公司设立应考虑的核心要素，而且也涉及公司设立方面的程序性规则，如公司名称、公司秘书的注册等问题。本章将结合实际案例，重点从公司设立的核心要素和公司注册两个方面讨论公司设立的基本法则。

第一节 公司设立的核心要素

申请人在设立公司时，应当结合不同的公司类型，确定和核实具体的设立条件和设立步骤。根据《2016年马来西亚公司法》的规定，根据不同标准，公司可以分为不同的类型。根据公司的身份情况，公司可以分为私人公司和公众公司。根据公司股东对公司债务承担责任的不同，公司可以分为股份有限责任公司、保证有限责任公司和无限公司。股份有限责任公司是指以股份为限的公司，在公司股东足额支付所购股份时，股东无须对公司产生的任何债务承担责任，即便在公司出现资不抵债发生破产情形时。如果公司股东没有足额缴纳其所认购的股份时，股东仅就其未支付部分对公司未清偿债务承担有限责任。保证有限责任公司是指公司在清算时，公司股东以其同意出资的金额为限对公司债务承担有限责任的公司。根据《2016年马来西亚公司法》第12条的规定，任何保证有限责任公司不能以股份方式设立。无限公司是指对于公司产生的债务，依照规定公司股东需要承担无限责任。

股份有限责任公司和无限公司可以是公众公司，也可以是私人公司。考虑到保证有限责任公司设立目的的特殊性，保证有限责任公司只能是公众公司，而不能是私人公司。从融资方式来看，公众公司可以依照公司法的条件和程序，向社会公众募集资金，而私人公司则一般不能向社会公众发行股份和债券，也不得吸收社会定期或活期存款。

不管申请人设立什么类型的公司，在公司设立过程中，公司发起人、公司名称、公司章程、公司秘书等是影响公司设立的重要因素，应当予以重点考虑。

一、公司发起人

公司的设立需要发起人或者发起人委托的其他人完成公司的设立。一般而言，公司如果能够顺利成立，发起人就会成为公司的股东。公司是一个拟制的法人，按照规定程序成立后，公司与其股东及其高级人员分别具有独立的法律人格和地位。公司发起人自然是那些愿意通过公司方式开展经营，并依照法律规定的条件和步骤完成公司设立任务的人。发起人可以是一个或者数个自然人，也可以是一个或者数个公司，例如，一个公司正在注册一个全资子公司或子公司。

发起人对公司具有重大影响力，对公司负有受托责任。一个人若想在公司成立之前成为发起人，他必须采取一定的措施促成公司的成立，并且要建立起公司业务。在公司成立过程中，公司发起人因公司设立的需要，可能要从事一些必要的商业交易行为，如为拟成立的公司购买财产、土地等行为。需要注意的是，作为公司的发起人，在公司成立后，公司发起人的角色有时并没有立即停止，发起人甚至在公司董事会产生后仍然对公司负有一定的职责。公司发起人身份的终止是一个事实问题，对发起人而言，正确认识和把握发起人与公司之间的信托关系是非常重要的。

发起人与公司之间存在信托关系，公司发起人有义务以诚信为本公司的利益行事，并不得与本公司有任何利益冲突。发起人有义务全面及坦率地披露他在与本公司的任何交易中所拥有的利益。作为受托人，发起人不得牟取私利或者损害公司利益，对公司施加不当影响或与公司有任何利益冲突。

二、公司名称

公司名称是识别公司的主要标志之一，符合法律规定且具有一定象征意义的公司名称将会给公司带来意想不到的好处和利益。一个好的公司名称应当具备下列基本要素：一是应当符合法律对公司名称的基本要求。公司名称只有符合法律规定，才能得到法律的承认和保护。二是能够体现公司的经营特色。公司的经营特色往往可以通过公司的名称加以体现和突出。三是公司名称具有高度的识别性。好的公司名称容易被大众熟知或给大众留下深刻的影响，甚至会给公司带来商业利益。四是不能侵犯别人的合法权益。公司名称若侵犯别人已注册或使用的商号、名称等，或者有其他违反法律规定情形的，将会给公司带来不必要的麻烦，甚至要承担一定的侵权责任。

根据《2016年马来西亚公司法》及其他相关法律规定，公司名称可以采用英文，也可以采用马来文。《2016年马来西亚公司法》关于不同形式公司的名称有一些基本要求：一是对于公众公司，应当在公司名称之后加上“Berhad”，或者用其缩写形式“BHD.”或“Bhd.”。二是对于私人公司，应当在公司名称之后加上“Sendirian Berhad”，或者用其缩写形式“Sdn.Bhd.”。三是对于无限责任公司，应当在公司名称后面加上“Sendirian”，或者用其缩写形式“Sdn.”。公司注册成立以后，公司也可以按照法定程序变更公司的名称。在公司变更公司名称时，应当向公司注册官提交有关公司名称变更的书面申请，并按照规定缴纳一定数额的公司名称变更费用。公司名称依法变更注册后，公司以前所产生的债权债务关系并不受到影响。如果在发生公司名称变更后的一年内，公司实施清算的，公司应当在相关的清算公告中列明公司的新旧名称。

三、公司章程

（一）公司是否需要公司章程

公司章程在公司管理、规范公司经营活动等方面发挥重要作用，是管理和经营公司业务和各项活动的基础性文件。一般来说，公司的章程由公司章程大纲（memorandum of association）和公司章程细则（articles of association）两份重要的公司文件组成。这两份文件从内容、作用等方面略有不同。公司章程大纲是规范公司对外法律关系和行为的基础文件，其内容重在强调公司本身的合法性、法律地位、股东构成等信息，需要按照一定的程序在公司注册机构完成注册登记。公司章程细则是规范公司内部各项法律关系及进行内部管理和经营的重要文件，其内容涉及公司管理的方方面面，一般不对外公开，仅对公司内部产生约束力。

《1965年马来西亚公司法》和《2016年马来西亚公司法》关于公司是否必须制定公司章程做了不同的规定。根据《1965年马来西亚公司法》第14条和第16条的规定，发起人在设立一家公司时，必须要提交公司章程大纲，对于是否必须提交公司章程细则并没有强制性要求。根据《2016年马来西亚公司法》第31条的规定，除了保证有限责任公司外，其他形式的公司可以有或者没有公司章程。如果一家公司制定了公司章程，则该公司章程的内容中关于公司股东、董事权利、义务、职责的规定必须符合公司法的规定。除非符合公司法的规定，否则公司不可通过公司章程限制、修改公司法所规定的公司股东、董事所享有的权利和应承担的义务和职责。如果一家公司没有制定公司章程，则该公司股东、董事依法享有公司法规定的各项权利并承担法定的义务和职责。

（二）如何制定一部有效的公司章程

根据前文所述，《2016年马来西亚公司法》对保证有限责任公司之外的其他形式的公司是否有公司章程并没有做出强制性规定，因此，对于非保证有限责任公司而言，是否制定公司章程属于公司自身决定的事项。但是，考虑到公司章程的重要性，在实践中，很少有公司没有制定公司章程。公司制定一部科学合理且符合公司法规定的公司章程，有助于公司进行有效管理，提高公司经营效率，防范公司各种经营风险。公司发起人或者股东可以在公司设立之时，制定公司章程。在制定公司章程时，应重点注意以下几个方面的内容：一是公司章程应当充分体现公司股东的真实意思，应当在尊重公司股东各自意见的基础上，形成共识。二是公司章程内容不得违背《2016年马来西亚公司法》有关公司章程内容的强制性规定，随意限制和剥夺公司股东、董事依法享有的权利，不得随意减轻或免除公司股东和董事依法履行的义务和承担的责任。如果公司章程的内容违反了公司法有关公司章程的强制性规定，则该内容无效。在公司章程制定之日起30日之内，公司应当向公司注册官提交公司章程。公司依照先前相关成文法规定注册或者修改的公司章程大纲和公司章程细则仍然有效。

（三）公司章程内容

《2016年马来西亚公司法》第35条和38条分别对非保证有限责任公司和保证有限责任公司的章程内容做了详细规定。非保证有限责任公司的章程可以规定下列内容：一是公司经营宗旨；二是公司章程限定的公司的权力能力和行为能力、权利和特权；三是公司法规定的公司章程应当包括的事项；四是公司希望公司章程规范的其他事项。在公司章程明确规定公司经营范围的情形下，公司应当在经营范围内从事经营行为或活动。

对于保证有限责任公司而言，依照《2016年马来西亚公司法》规定制定公司章程是其必须履行的一项义务。保证有限责任公司的公司章程应当由公司发起人签名，并在公司成立时向公司注册官提交。保证有限责任公司章程应当包括下列内容：一是应当载明公司形式为保证有限责任公司；二是公司的经营宗旨；三是公司的权力能力和行为能力、权利和特权；四是发起人的数量；五是公司法规定的公司章程应当包括的事项；六是公司希望公司章程规范的其他事项。需特别注意的是，保证有限责任公司章程不得做出下列规定，否则无效：不得将公司保证金划分为股份或股利以形成股份资本；不得赋予任何人有权参与公司利益分配。

（四）公司章程效力和修改

根据《2016年马来西亚公司法》的规定，公司章程自制定完毕且被采纳之日起就产生效力。公司和公司股东须得遵守公司章程的规定。如果是非保证有限责任公司，根据公司章程的规定，公司股东应当向公司支付的所有出资是股东对该公司的应付债务。

公司章程的修改主要有两种情形：一是公司自身通过特别决议完成公司章程修改，二是法院依申请指令公司修改公司章程。

公司可以通过特别决议的方式修改公司章程，除非章程自身规定不得进行修改。公司章程的修改自章程修改特别决议通过之日起或者该特别决议规定之日起，对公司和其股东产生约束力。公司章程修改后，公司应当向公司注册官通知章程修改事项，并在章程修改特别决议通过之日起30日之内，向公司注册官提交修改后的公司章程副本。

如果根据公司法或公司章程规定的程序修改章程不可行的情形下，法院可以依照公司股东或董事的申请，指令公司依照其认为合适的条件修改公司章程。此种情形下，公司在法院发出指令之日起30日之内，应当向注册官提交修改后的公司章程和法院指令副本。

四、公司秘书

（一）成为公司秘书的条件

《2016年马来西亚公司法》规定了成为一名合格的公司秘书的基本要求和资格：一是在马来西亚须有一个主要居住地且经常居住在马来西亚的年满18周岁的马来西亚公民或者永久居民。由此可知，公司秘书只能由自然人担任，公司、其他组织均不能担任公司秘书。二是担任公司秘书的自然人应当是《2016年马来西亚公司法》附录四所列明机构的会员或者是依据《2001年马来西亚公司委员会法》第20条G款规定取得执照的人。

（二）不能担任公司秘书的情形

任何自然人如果具有下列情形，即丧失担任公司秘书的资格，但是如果获得法院批准，则仍然可以继续担任公司秘书。一是被裁定为破产人而尚未解除其破产责任，即该自然人是破产人。二是因与下列其中一项罪行有关而被定罪的人：与晋升、成立或管理公司有关的罪行；涉及贿赂、欺诈或不诚实行为的罪行；违反董事的诚信义务，即未行使合理的谨慎、技巧和勤勉；违反被提名董事的受托人义务，即以其被提名董事而非公司的最佳利益行事；不当使用公司财产、公司资料、其职位、公司机会或利益冲突；涉及董事或大股东的重大价值交易；或者公司未妥善保存账本或错误交易。三是不再持有公司注册机构颁发的公司秘书职业证书。

被取消公司秘书资格的人，只有在获得法院事先批准后，方可继续以公司秘书身份行事。如他在没有获得法院批准的情况下继续以该身份行事，则他及每一名明知而准许他以该身份行事的董事即构成犯罪。

（三）公司秘书的任命

每个公司包括新注册的公司至少有一名公司秘书。《2016年马来西亚公司法》第236条明确规定了公司秘书的任命规则。

公司任命的公司秘书必须具有《2016年马来西亚公司法》规定的任职资格且不具有该公司法规定的丧失资格的情形。公司在任命公司秘书前必须取得拟任秘书的书面同意。公司董事会负责公司秘书的任命，任何公司应在公司成立之日起30日之内任命第一任公司秘书。公司秘书职位空缺的时间不得超过30日。

另外，根据《2016年马来西亚公司法》的规定，公司秘书在获得公司董事会任命之前，还应依法向公司注册官完成相应的注册程序。公司秘书注册的内容主要有秘书的姓名、居住及业务地址、资格以及注册官认为需要提供的其他内容。公司注册官在审核相关材料后，将申请人的各项信息记录于秘书名册中。

（四）公司秘书的辞职或解聘

在遵循公司章程及任命条件的情况下，公司秘书可以根据自己的意愿，通过书面形式向公司董事会提出辞职。如果公司秘书在申请辞职时，无法在通过其所了解的最后地址通知公司的任何一名董事时，该申请人可以通知公司注册官有关事项并表达其辞去公司秘书的意愿。另外，公司董事会可以根据公司章程或任命条件解聘公司秘书。

第二节　公司的注册

根据《2016年马来西亚公司法》规定，任何人在设立公司时，应当依法完成公司的注册程序。公司注册涉及的问题主要是程序性规则。一般来说，拟设立公司时，发起人应当向公司注册官提出公司设立申请。该申请应当包括每个公司发起人的个人申明。发起人申请的内容主要包括：拟设立公司的名称；拟设立公司类型是私人公司还是公众公司；公司经营范围或宗旨；公司注册办公室地址；自然人股东姓名、身份、国籍和经常居住地，或法人股东名称、成立地、登记号和注册办公室地址；公司董事姓名、身份、国籍和主要居住地；如果公司申请注册时，该公司已经聘任秘书的，申请内容还应当包括该秘书姓名、身份、国籍和主要居住地；如果发起人设立股份有限责任公司的，申请内容应当包括股东拟持有的股票种类和数量；如果发起人设立保证有限责任公司的，申请书应当载明在公司发生清算时，股东应当对公司承担的出资数量；公司注册官要求提交的其他内容。依照公司注册申请要求，发起人还应当提交公司发起人或董事同意其作为发起人或董事以及没有不符合公司法规定的作为公司发起人或董事情形的确认书。

一、公司注册官及其职责

（一）公司注册官

在马来西亚负责公司法实施的官员是依照《1965年马来西亚公司法》第7条第2款由部长任命的公司注册官。马来西亚公司委员会的首席执行官应当担任公司注册官。马来西亚公司委员会应当规定注册官任职资格和任职条件，并按照该任职资格和任职条件从委员会组成人员中任命地区公司注册官、副注册官和助理注册官。马来西亚所有法院、法官和其他司法人员应当对公司注册官、副注册官和助理注册官的印章和签名进行司法公告。公司注册官的首要职责是确保公司和公司管理人员遵守公司法的各项规定。为了保证注册官有效履行各项管理职责，《1992年马来西亚公司法修正案》扩大了注册官的管理权限和职能。

（二）公司注册官职责

1.信息采集权。

基于实施公司法的目的，公司注册官有权以口头或书面方式要求任何公司或人员在规定的时间内向注册官提供该公司或该人员掌握和了解的有关信息。负有向注册官提供信息义务的任何公司或个人，如果没有按要求向公司注册官提供信息的，或者提供明知是错误信息的，或者因过失而提供错误信息的将构成犯罪。对此类犯罪处2000林吉特罚金，免于刑事处罚。

2.注册费收取权。

公司注册官有权依照公司法的规定，并依照部长随时规定的方式收取公司注册费。

3.监督检查权。

为了督促和检查公司和公司管理人员是否遵守公司法，公司注册官有权进入公司任何地方和建筑，检查、复制或摘抄任何资料、注册本以及其他依照公司法规定应当在公司存放的文件。基于行使监督权的需要，注册官有权以书面方式通知公司保管或掌握上述资料的人员向该注册官制作相关资料。如果公司或公司管理人员或其他任何人没有向公司注册官按要求制作相关资料的，或者阻碍注册官依法行使其权力的构成犯罪，处3年有期徒刑，或处10000林吉特罚金，或处3年有期徒刑并处10000林吉特罚金。

除非基于实施公司法或者刑事诉讼的需要，公司注册官不得刻录、泄露、向他人交流因其行使监督权而获得的任何资料和信息。

4.调查权。

公司注册官有理由怀疑某人实施了违反公司法的行为时，可以依照其职权进行相关调查。

治安法官在收到书面通知或者询问后，有理由相信某地或某建筑物内存有用于证明实施违反公司法行为的任何物品、包括个人信息在内的任何文件材料时，可以签署搜查令授权公司注册官进入或必要时强行进入该地或该建筑物以调查、扣押、获取上述各类物体和资料。

公司注册官有权允许取得公司法授权的任何人对注册官在行使调查权过程中依法扣押、获得的账本、材料和文件进行检查。

5.传讯权。

基于履行上述调查权的需要，公司注册官有权通过书面方式要求知道案件事实和情节的任何人到场并接受其询问，有权就询问的内容制作成书面陈述材料。

依法接受公司注册官传唤询问的任何人有义务回答公司注册官询问的有关案件的全部或者部分事实，若拒绝回答其所知道的案件事实将会承担法律责任。

询问内容应当制成书面形式的笔录。书面笔录完成后公司注册官应当向被询问人宣读其内容，在其确定无疑后，要求被询问人在书面笔录上签名或者用大拇指按印。如果被询问人拒绝签名或者按印的，公司注册官应当亲自在笔录背面注明拒绝的事实及理由，如果可能，让被询问人注明拒绝的事实及理由。

依法制作的询问笔录或录音，可以作为法庭审理任何案件用以证明被询问人或者任何其他人所述事实的法律证据。

上述任何被注册官通知接受传唤的人，如果没有正当理由拒不到场或者拒绝接受询问，或者故意向公司注册官做虚假或误导性陈述的，将依公司法规定构成犯罪，处5年监禁，或处30000林吉特罚金，或处5年监禁并处30000林吉特罚金。

二、公司注册的基本要求

公司注册主要涉及程序方面的规则，在实践中，具体表现为向公司注册官提交符合《2016年马来西亚公司法》规定的系列文件。对于公司提交的系列文件，由公司注册官进行审核。公司注册的核心内容主要包括以下方面。

（一）注册公司名称

公司注册的首项内容是注册公司名称，公司名称是公司区别于其他商事主体的外在标识。一般来说，当投资者决定以公司形式从事商业活动时，应当依照公司法规定，事先选择公司名称，确定的公司名称应当符合公司法的强制性要求。公司名称确定后，在规定的期限内向马来西亚公司委员会注册官申请公司名称的注册。申请公司名称注册时，需要填写符合法律规定格式的注册表，同时缴纳一定数额的公司名称注册费。一旦获得注册官的核准，公司就可以正式使用公司名称从事相关的商业经营行为和公司业务。

（二）公司注册需要提交的文件

申请人在完成公司名称注册后，依照公司法规定，获准注册的公司名称将会被保留三个月。与其同时，申请人应当在上述三个月内，向公司委员会提交公司成立需要的其他材料。这些提交的材料包括依法制作的法定申明书、公司章程、公司缴费凭证、公司管理人员身份证明以及载明公司资本、股份、经营范围、内部管理制度等内容的公司内部规章。法定申明书主要有公司所做的依法成立公司的法律声明书和发起人、董事所做的法定申明书。公司管理人员身份证明主要是公司董事和秘书的身份证复印件。依照《2016年马来西亚公司法》的规定，满足下列条件的外国投资者可以在马来西亚境内投资设立公司：一是年龄条件，该外国人在申请时须年满18周岁；二是居住要求，该外国人以马来西亚为其主要或者唯一居住地。为了提高公司注册工作效率，马来西亚公司委员会设立了一站式公司注册服务中心。一般来说，根据该委员会的制度规定，公司成立的证书审核和发放应在一个工作日内完成。公司注册申请获准后，申请人将获得公司成立证书和公司代码。

三、公司注册的效果

公司注册后的直接法律效果是获得公司法承认的独立的法人地位，这就意味着该公司能够以公司的名义开展符合公司注册宗旨的商业经营活动。公司获准注册后，为了正常开展业务，可以根据公司注册证书以及其他文件在马来西亚当地银行申请开立和公司业务相关的各类账户；能够依法以公司的名义拥有一定数量的土地。

四、公司形式变更注册

公司成立后，在经营过程中，可以根据商业经营需要依照公司法的规定对公司的形式做出变更。公司一旦发生形式上的变更，应当就变更后的公司形式依法向公司注册官提出变更申请注册。一般来说，公司形式的变更应当符合拟变更公司的成立条件。私人公司和公众公司可以互为变更，无限公司可以变更为有限公司。公司形式变更需要公司通过特别决议来完成。公司注册官通常要求公司提交变更的特别协议，同时要审核变更后的公司形式是否符合公司法的要求。

公司形式变更审核通过后，便完成相应的变更注册。注册官将会取消先前的公司证书，发放新的变更后的公司证书。公司变更证书发放之日则是公司形式变更生效之日。同时，变更后的公司应当依法修改公司的内部规章。公司的身份、权利、义务、诉讼地位、诉讼权利等不受公司形式变更的影响。公司形式变更前发生且变更时尚未了结的各类诉讼仍然对变更后的公司有效。

五、公司注册的主要程序

（一）提交注册申请表

申请人依照法律规定就拟设立公司填写有关申请表格，向马来西亚公司委员会提出申请。

（二）注册官审查

公司注册官审查拟议中的公司名称是否被使用，如未被使用，则该名称为申请者保留三个月。

（三）提交公司文件

三个月之内，申请者依据不同的公司形式相应地向注册官提供不同的文件，具体需提供的文件清单可参见马来西亚公司注册网站SSM网站（www.ssm.com.my）或咨询专业秘书公司或律师事务所。

（四）批准公司注册

公司注册官审查申请材料，批准公司注册，并发出同意公司注册文书以及公司代码（主要供缴纳税务使用）。

（五）开设银行账户

公司注册获准完后，申请人可凭有关文件到马来西亚当地银行开设公司银行账户和账号，以便开展公司商业经营活动和业务。

目前，马来西亚提供一站式公司注册服务，而且可以通过SSM网站完成相关注册程序。

案　例：股东协议与公司章程之争

一、基本案情

本案涉及三个自然人原告、四个公司被告和四个自然人被告。其中，第一至第四被告为四家公司，第五至第八被告为四位自然人。其中，第一原告是第四被告公司的管理人员，第二、第三原告是第四被告公司的股东，第一被告公司、第二被告公司是第四被告公司的股东，第三被告公司是第二被告公司的股东，第五被告和第六被告是第二被告公司的代理人，第七被告是第四被告公司的股东兼董事，第八被告是第四被告公司的董事，但第八被告已于2021年1月14日辞去了其在第四被告公司中的董事职位。

2014年12月19日，第二、第三原告与第二被告公司之间签订了一份股东协议（下文简称“2014年股东协议”）。2014年股东协议第8条第3款约定了第四被告公司召开公司董事会的法定人数。依照该规定，第四被告公司召开公司董事会的法定人数应当是5名董事（或者正式任命的候补董事），公司所有董事会议的召开均应当符合该法定人数的要求。

2020年12月30日，第四被告公司的董事会召开了会议，并在该会议上通过了数个决议，其中有一项决议的内容是对第四被告公司的银行账户签字人做了变更。

该董事会议决议做出后不久，上述三位自然人原告向法院提起诉讼，申请法院签发强制令，要求第二、第三、第七和第八被告严格遵守和履行2014年股东协议，并且要求暂停执行第四被告公司的董事会于2020年12月30日通过的关于变更第四被告公司银行账户签字人的董事决议。

法庭查明，在本案中，三位原告提起诉讼的核心依据是，上述由第二、第三原告和第二被告公司之间签订的2014年股东协议。2014年股东协议实际由第五和第六被告代理第二被告公司执行。但是，原告在诉讼中并未向第五、第六被告主张责任。

法庭还查明，2014年股东协议的内容并没有写进第四被告公司的公司章程中。原告的律师对第四被告公司董事召开的上述董事会议是否违反第四被告公司的公司章程内容没有提出任何异议，没有对第四被告公司董事依法召开董事会议是否具有通过变更公司银行签字人的权利提出任何异议。原告也没有提交其他证据证明上述第四被告公司董事会议通过的变更银行账户签字人的决议是基于第四被告公司的利益而做出。而且，第一原告和他的儿子仍然是第四被告公司的银行账户的签字人；同时，二位仍然是第四被告公司的管理人员。

二、争议焦点

第一，没有写入公司章程的公司部分股东之间签订的协议能否作为判断公司会议召开是否达到法定人数的依据？

第二，部分股东之间签订的协议对其他非协议股东是否具有拘束力？

三、法官判决及理由

法官驳回了原告的诉求。

法官认为，由于2014年股东协议仅是在第四被告公司的部分股东第二、第三原告和第二被告公司之间签订，尽管该协议约定了第四被告公司召开董事会议的法定人数，但是，该股东协议并没有写进第四被告公司的公司章程中。该协议对第四被告公司以及对第四被告公司的其他非协议股东并没有法律拘束力。同时，原告的代理律师并没有对第四被告公司召开上述董事会议是否违反该公司章程内容提出任何异议，没有对第四被告依法召开董事会是否具有通过变更公司银行账户签字人的权利提出任何异议。原告也没有提交证据证明上述第四被告公司董事会议通过的变更银行账户签字人的决议是基于第四被告公司的利益而做出。另外，由于第三被告公司和第八被告没有从事第四被告公司的管理工作，因此，原告寻求的禁令对他们没有实际拘束力。如果说本案原告的诉请是针对第二被告公司违反2014年股东协议这一事实，由于这一问题是属于2014年股东协议当事方之间的私人问题，不能对第四被告公司的董事会议通过上述决议的有效性产生任何影响。

基于上述事实和理由，根据《2016年马来西亚公司法》以及第四被告公司的公司章程的规定，在本案中，法庭并无法律依据授予原告申请的禁令。

四、引发的思考

公司在成立过程中，公司发起人和公司股东应当重视公司章程的内容和制定程序。公司章程是公司股东和董事行使各自权利和履行各自义务的重要依据。同时，公司股东应当明确股东之间的协议尽管具有法律约束力，但此种协议也仅对签署该股东协议的股东具有法律约束力。在该股东协议内容没有写进公司章程时，该股东协议并不能约束公司以及公司的其他非协议股东。因此，如果股东之间就公司管理问题签订了股东协议，最好的做法是将该股东协议内容纳入公司章程中。

第三章
管理公司的学问

怎样到RCEP成员国投资
马来西亚篇

公司的有效经营和风险防控离不开公司的高效管理。一家好的公司在公司成立时就应当考虑如何有效管理公司。当公司注册成立后，公司的管理就变成一个现实的问题。公司管理涉及很多因素，但其中的核心因素是管理公司的主体和管理公司的方式。管理公司的主体主要包括公司股东、董事和管理人员。其中公司股东的主要职责是从宏观层面上把握公司的经营目标、经营范围、公司年度计划，制定和修改公司章程等内容。公司董事的主要职责是贯彻落实公司股东所做出的决策，依照公司章程规定履行董事负有的管理公司的职责等。公司高级管理人员的主要职责是负责具体的公司业务管理工作，落实并履行公司股东会、董事会所做的各项决策。健全而高效的公司会议制度则是管理公司的主要方式和途径。

第一节　重要的公司管理者

一、公司股东

（一）如何成为公司股东

公司股东在公司经营和管理过程中起着关键性作用。如何成为公司股东是投资者经常关心的重要问题之一。对于投资者而言，不管该投资者是自然人还是公司，当他们选择以公司的形式开展商业经营时，首先可以以发起人的身份成立公司，在公司合法成立后，发起人自然可以获得公司股东的身份。在公司正式成立后，投资者若想成为公司股东，在不同的公司类型下，获得股东身份的方式有所差别。在私人公司情形下，投资者可以通过获得公司部分股东转让其公司股权的方式成为公司股东。在上市公司情形下，投资者可以在证券市场上依法购买该上市公司公开发行的股票而获得该公司的股东身份。除此之外，股东身份还可以通过继承等方式依法获得。投资者依法获得公司股东身份后，需要通过公司法规定的外在形式加以公示，其直接目的之一是便于社会公众了解公司股东的基本信息。公司股东基本信息应当记载于公司股东名册。根据《2016年马来西亚公司法》第47条的规定，公司股东名册必须按要求置于公司的注册办公室，且保证在公司正常营业时间供社会公众查阅。

若自然人想成为公司股东，对于该自然人的民事行为能力马来西亚公司法并没有做出明确规定。一般理论认为，如果自然人以发起人名义成为公司股东时，则该自然人应当具备完全的民事行为能力。在非发起人身份下，对于自然人成为股东时是否具有完全民事行为能力则要针对具体情况加以判断。

（二）公司股东的决策权

公司股东对公司的管理权主要基于公司法和公司章程的明确规定，其核心内容是公司股东对公司事务的决策权。公司成立以后，尽管具有独立于其公司股东的法人地位，但公司毕竟是一个拟制的法律主体，公司的行为只能通过其代理人来具体实施。因此，公司的管理行为除了由公司董事实施外，还可以由公司股东依照公司法和公司章程规定的方式来实施。一般来说，公司的决策权往往由公司股东掌控，公司股东有权决定公司可以做什么或者不可以做什么，有权批准公司即将实施的各类交易。根据《2016年马来西亚公司法》和公司章程规定，股东享受的决策权主要有参加会议权、会议发言权、投票权、分红权、清算后的公司剩余资产分配权和参与公司清算财产管理权等内容。

二、公司董事

（一）谁有资格成为公司董事

公司董事通过公司董事会依照公司法和公司章程的规定行使对公司的管理权。公司的日常经营业务主要由董事来管理实施。因此，对于公司而言，选择称职且具有职业道德的人担任公司董事至关重要。在公司中，首席执行官、首席财务官、首席营运官以及负责公司基本管理业务的其他人都是公司的董事。《2016年马来西亚公司法》对担任公司董事的任职条件从积极条件和消极条件两个方面做了规定。积极条件主要包括董事的年龄要求、居住地条件等。一般而言，担任公司董事的自然人应当年满18周岁，且在马来西亚境内有主要或唯一的居住地。如果是担任公众公司或者公司附属机构的董事，该董事的年龄不得超过70周岁。担任董事的消极条件主要指不得任命为董事的法定情形：尚未解除破产人身份的人；曾因实施有关发起、成立或管理一家公司犯罪行为而被定罪的人；曾因实施有关行贿、欺诈或不诚实犯罪行为而被定罪的人；曾因实施公司法第213、217、218、228及539条规定的犯罪行为而被定罪的人；曾因被法院依法取消出任董事资格的人。

不同类型的公司对公司董事人数的要求有所不同：在私人公司的情形下，公司至少要有一名董事；在公众公司的情形下，公司至少要有两名董事。当公司董事人数不足上述法定人数时，公司应当及时补选董事，在未补选董事且达到法定人数前，董事的辞职将被视作无效。

（二）**公司董事的管理权**

公司董事对公司业务的管理权主要是通过董事会来实现。根据《2016年马来西亚公司法》第211条的规定，公司董事会应当负责管理公司的业务和事务，或者在董事的指令下管理公司的业务和事务；公司董事会具有管理公司业务以及监督和指令公司事务的必要权力，且此权力仅受公司法和公司章程的修改、免除或限制。为了保证公司董事有效实施公司的管理权，公司法以及公司章程明确规定了公司董事的职责。董事职责可分为积极职责和消极职责两个方面。公司董事的积极职责主要包括：任何时候，公司董事应当为公司最佳利益真诚履行其义务；公司董事应当基于正当目的行使其权力；公司董事应当以一个董事合理预期具有的知识、技能或经验或者董事事实上具有的任何额外知识、技能及经验履行董事所负有的勤勉义务。董事的消极职责的主要内容是避免董事所从事的相关行为和公司发生利益冲突。除非获得公司股东大会的同意或者批准，禁止公司董事利用公司的产业，利用董事在公司的地位所获取的信息，利用董事的地位，或者参与和公司竞争的生意，直接或间接为自己或者任何其他人谋取利益，或者从事损害公司利益的其他行为。

第二节　健全的公司会议制度

公司股东和董事主要通过举行公司会议来讨论和决定公司的重大事项并实施对公司事务的有效管理。健全且高效的公司会议制度是影响公司管理效率的重要因素之一。依照《2016年马来西亚公司法》的规定，公司的类型不同，关于公司会议的召开制度也有所不同。一般来说，公众公司必须在每个日历年至少召开一次年度股东大会。在这些股东大会上，股东可以向董事询问公司的运营和财务状况。对于私人公司，公司法并没有强制性要求私人公司召开年度股东大会。但是，私人公司基于公司开展业务的需要，有时需要召开股东会议。例如，批准公司董事或高管使用公司财产，涉及董事或实际股东与其相关的任何人的重大价值交易，或者有关公司审计师的罢免。下文重点对公司股东会议的基本规则加以评述。

一、公司股东会议类型

公司股东会议可以分为公司年度会议和临时会议。

（一）公司年度会议

为了强化对公司的管理，《1965年马来西亚公司法》要求每个公司每年至少要召开一次公司年度会议。在公司年度会议上，重点讨论公司的审计账目，任命公司审计人员，选举公司董事，以及宣布公司的分红。《2016年马来西亚公司法》对公司年度会议制度做了修改，规定只有公众公司才需要召开年度股东大会。对于私人公司而言，私人公司的审计账目将在其财政年度结束后的六个月内分发给股东。董事和审计师可由股东通过书面决议的方式来任命，无须召开会议。关于公司分红可由公司董事来宣布。因此，有关公司年度会议的规定主要适用于公众公司。公司年度会议讨论的事项主要包括以下几项：一是公布经审计的财务报表以及董事和审计员的报告；二是选举因董事退休而产生的空缺董事；三是任命和确定董事费用；四是讨论公司法或公司章程规定的其他任何决议或业务。公众公司的第一次公司年度会议必须在其成立后18个月内举行。其他情况下，公司必须在其财政年度结束后的六个月内举行公司年度会议。但是，对于此后的公司年度会议，必须在每一日历年举行一次，但不得迟于公司每年年底后的六个月，也不得迟于最后一次年度股东大会后的15个月。如果公司因任何特殊原因不能在规定时间内举行年度股东大会，公司可向董事会申请延期。除非再次批准延期，否则公司年度会议不可再次延期。

（二）**公司临时会议**

如果公司遇到了特定事项需通过公司会议进行讨论决定时，可以由符合条件的公司股东提议召开临时会议。申请之日持有不低于公司已付资本十分之一且具有公司普通会议投票权的股东或代表非股份公司不低于全部股东投票权十分之一且具有公司普通会议投票权的股东有权提议公司董事召开公司临时会议。公司董事在收到上述股东的提议后，应当尽快召开公司临时会议。公司董事应当在不晚于收到上述提议后的两个月之内召开公司临时会议。除此之外，公司临时会议可以由公司董事会召开或者因法院指令而召开。公司临时会议的召开规则同时适用于公众公司和私人公司。

二、如何召开公司会议

（一）公司股东会议的通知

公司股东会议的召开应当提前发出会议通知。一方面要通知参加会议的股东，另一方面要告知参会人会议即将讨论的事项。会议通知是一项重要的公司事项，事关公司股东决定他们能否参加会议以及如何行使表决权的问题。如果没有向有资格参加公司会议的人履行会议通知义务，则该会议将会被认定为无效会议。根据《2016年马来西亚公司法》第321条的规定，公司应当向公司每位股东、董事及审计人员发出参会的通知。股东有权利得到参加公司股东会议的通知并不意味着股东有义务参加会议。若股东决定不参加会议时，除非该股东选择了代理人参加会议，否则该股东将失去投票权。在该股东或其代理人缺席会议的情形下，其投票份额则不能计入该会议表决事项的计票数额中。

公司召开会议应当通知公司审计员。除非公司会议议题涉及公司财务报告，否则公司审计员并无义务出席公司会议。但是，对于公众公司召开的公司年度会议，公司审计员有义务参加该会议，且该审计员要根据自己所了解的情况回答有关公司审计的任何问题。对于私人公司而言，由于私人公司并无召开公司年度会议的要求，只有在私人公司要求在举行的会议上涉及公司审计议题时，审计员才有义务参加该会议，且该审计员要根据自己所了解的情况回答有关私人公司审计的任何问题。

除了通过特别决议事项的会议外，对于私人公司召开的其他公司会议，一般需要在会议召开前14天发出通知，如果公司章程规定的通知时间更长，则依照公司章程规定。如果是公众公司召开公司年度会议，则会议通知应当在会议召开前21天发出，或者在依照公司章程规定的更长时间前发出。

由于会议通知直接影响到公司参会人尤其是公司股东决定是否参会，为了保护公司股东的合法权益，公司法就会议通知应当包括的内容做了规定。根据公司法规定，会议通知应当包括会议举行的地点、时间、会议性质、会议拟讨论事项的文本以及公司董事认为需要载明的其他事项。会议通知未载明的事项不得在会议上进行讨论和表决。

（二）**召开公司会议的议程**

1.确定会议地点。公司可以在一个以上的地点举行会议，但是，会议采用的技术或方法允许所有股东有合理的机会参加会议，并能保证他们在会议上有效行使发言权和投票权。股东会议可在任何地方举行，只要主会场在马来西亚即可。会议主席应当在主会场参会，主要会议地点不一定要在公司注册的办公室或办公地点。因此，股东会议可以通过电话会议或视频会议的方式召开。唯一的条件是会议召开的形式应该确保所有的股东有一个合理的机会参与会议。

2.参加会议的法定人数。公司会议法定人数是指出席公司会议的最低人数，法定人数是判断会议举行是否有效的直接依据。根据《2016年马来西亚公司法》的相关规定，至少有两名股东出席或由其代表出席时，才能召开公司会议。如果公司章程中对出席会议股东的人数做了多于两人规定的，则依照公司章程确定召开公司会议的法定人数。因此，只有一名股东出席时，即使该股东是另一股东的代理人，公司会议也不得召开。上述规则的例外是，如果一家公司只有一名股东时，该股东出席会议即可召开公司会议。

3.谁来担任公司会议主席。公司召开每次会议都需要有一位会议主席来主持并确保公司会议的顺利召开。一般来说，公司股东会议由公司董事会主席主持，除非公司章程另有规定。在董事会主席不愿意主持公司股东会议，或者按照公司股东会议议程时间开始15分钟后，董事会主席仍未出席的情形下，可以由出席股东会议的股东选举一名股东担任会议主席。在公司董事会没有主席的情况下，公司股东可以选举一名股东担任公司股东会议主席。

案　例：临时股东大会的召开和董事职务的解除

一、背景说明

本文涉及的是两个关联案件共同审理的情形，下文分别简称为1号案和2号案。其中，1号案的原告为S公司（同时也是2号案的被告），1号案的被告为T公司（同时也是2号案的原告）。2号案的原告是T公司和一名自然人，2号案的被告为S公司。

二、基本案情

S公司持有T公司11.834%的已发行股份。2020年1月2日，S公司向T公司发出召开公司临时股东大会的通知，表示打算通过公司决议，罢免T公司某些董事并重组T公司董事会。S公司发出的召开临时股东大会的特别通知是根据《2016年马来西亚公司法》第206条第（3）款发出的：依据本条规定解除一名董事或在同一会议上任命另一名董事的决议案，必须要发出特别通知。

在S公司特别通知中，S公司表示将于2020年3月2日召开临时股东大会，并载明了会议召开的具体地点。S特别通知中的决议草案共有13项决议，决议的核心内容是立即免去12名公司董事职务。通知附有5名申请成为公司董事的候选人的决议案、同意书和简介。

2020年1月6日，S公司向马来西亚证券交易所通知了S公司要召开临时股东大会的事宜。

T公司并未提出S公司提议召开临时股东大会的通知方式存在任何程序缺陷或不规范，也没有表明，如果在S公司提议的临时股东会议上通过的任何S公司提出的决议都是无效的。换言之，S公司提议的临时股东大会是一个有效的临时股东大会。

根据S公司发布临时股东大会所做的通知和公告来看，S公司为着手召开临时股东大会做了必要的准备和安排。

然而，在2020年1月20日，T公司向S公司致函指出：T公司董事会已决定于2020年2月20日上午9：00召开临时股东大会。这是一个竞争性的临时股东大会，因为在T公司提议的临时股东大会上，提交的决议将是S公司提出的决议案和另外两个补充决议。其他两项补充决议内容是：任命两名即可生效的公司董事。对于2020年2月20日召开临时性股东会议，T公司给出的理由是，因为公司多次受到公司股东关于任免公司董事的提议，并且为了避免召开多次会议而造成公司成本和时间浪费而提议召开这次临时股东会议。

2020年1月21日，S公司收到T公司向其发出的信函，T公司声称为了避免公司股东产生困惑，要求S公司撤回先前发出的关于召开临时股东会议的通知。同日，S公司通知T公司，声明应当由T公司撤回召开临时股东会议的提议而不是由S公司撤回相关提议。

2020年1月21日，T公司发出了将在2020年2月20日在指定地点召开公司会议的通知，同时也附上了相关的决议案。

2020年2月3日，T公司向公司股东发布了两项关于召开由T公司提议的临时股东会议的公告。

2020年2月7日，S公司提议的临时股东大会的5名提名董事致函声明，他们同意仅以S公司提议临时股东大会的方式被任命董事。同时，5

名提名董事不愿意在2020年2月29日之前被任命为公司董事。

2020年2月11日，S公司提起诉讼（简称为1号案），其诉求为：一是请求法庭宣告T公司发出的召开临时股东大会的通知无效；二是请求法庭宣告如果T公司提议的临时股东大会召开，则该会议无效；三是请求法庭发出禁止令，禁止T公司就提议召开临时股东大会采取任何行为。同日，S公司向法庭申请，请求法庭发布限制T公司召开临时股东大会的临时禁令。

2020年2月14日，T公司提起诉讼（简称为2号案），其诉求为：一是请求法庭确认S公司发出的召开临时股东大会的通知无效；二是请求法院发出禁止令，禁止S公司就提议召开临时股东大会采取任何行为。

三、法官判决

1.对于1号案，法官支持了原告S公司的所有诉求，宣告T公司发出的召开临时股东大会的通知无效，并依照S公司的申请发布了相关禁止令。

2.对于2号案，法官驳回了原告T公司的所有诉求。

四、上述关联案引发的思考

（一）两个关联案中的争议问题

在上述两个案件中，所涉及的核心问题是如何解除公司董事职务以及如何召开公司临时股东大会，具体涉及以下几个具体问题：

1.如何解除公司董事职务？

2.如何保障公司股东召开公司临时股东大会的权利？

3.公司是否有义务防止竞争性临时股东大会的召开？

（二）对于争议问题的看法

1.如何解除公司董事职务？

关于公司董事职务的解除问题，《2016年马来西亚公司法》第206条做了详细规定。在上述两个关联中，因为S公司拟通过公司临时股东会议决议案的方式解除和任免部分公司董事，此种情形符合该条第（3）款的规定：依据本条规定解除一名董事或在同一会议上任命另一名董事的决议案，必须要发出特别通知。

对于如何发出此类决议案的特别通知，《2016年马来西亚公司法》第322条做了详细规定：

（1）根据本法规定，一项决议案需要特别通知的情况下，需要在举行会议前28天通知公司，否则，该决议案无效。

（2）公司无须对在上述第（1）款下收到的建议决议案通知公司股东，除非根据本法规定该决议案需要在股东会议上提出。

（3）在切实可行的情况下，公司须以同样的方式及时间通知股东。

（4）如果在依据上述第（3）款规定不可行的情况下，公司应在该项会议举行最少14天前，就任何该决议案以下列方式通知股东：（a）在马来西亚广泛发行的国文报及英文报刊登公告；或者（b）公司章程规定的任何其他方式通知股东。

（5）此类决议案在已经提交给公司后，如果有关该决议案的会议是在该决议案通知后28天之后举行的，尽管该决议案通知没有依照本条规定的时间完成，但视为该通知已经适当完成。

在本案中，S公司的特别通知符合上述第322条第（5）款的规定。本案中，从2020年1月2日起（S公司向T公司发出特别通知的日期）到2020年3月2日止（为推动S决议而召开的会议的预定日期），已经过去了28天以上。

2.如何保障公司股东召开公司临时股东大会的权利？

《2016年马来西亚公司法》第310条b项规定，持有公司已发行股本至少10%或章程规定的较低比例的任何股东，或如果公司没有股本，则占有股东人数至少5%比例的股东可召开股东大会。在本案中，法官认为公司的每一位股东都有权依照法定程序和要求，根据公司法规定召开公司特别股东大会，股东召集会议的法定权利允许股东在不依赖董事会召集会议的情况下，表达自己的观点，行使自己的民主权利来规划公司的发展方向。

3.公司是否有义务防止竞争性临时股东大会的召开？

在上述两个关联案件中，争议的焦点是：作为T公司的股东，在S公司依法向T公司发出具有临时股东会议通知并进行任免公司董事的决议后，T公司能否在此前后时间，发出召开另外一场决议案内容和S公司提议的临时股东大会决议案内容大致相同的通知。对于这个关键问题，法官从以下几方面展开了分析：

一是关于两个会议是否是竞争性会议的问题。对于什么是竞争性会议，法官认为：竞争性会议是指决议案内容和先前已安排的公司股东会议决议案内容相同或基本相同的另外一场后安排的股东会议。由此看出，判断竞争性会议的要点在于：是否有两场先后安排的股东会议；两个会议的决议案内容是否相同或基本相同。

聚焦到本文讨论的两个案件中，两场临时股东会议分别是：S公司作为股东提议的临时性股东大会，发布通知的时间为2020年1月2日，会议举行的时间为2020年3月2日；T公司提议的临时性股东大会，发布通知的时间为2020年1月20日，会议举行的时间为2020年2月20日。

两场会议内容是否相同或者基本相同。在上述两个关联案中，S公司提议召开的临时股东大会的决议案共有13项内容，主要是任免公司的董事。T公司提议召开的临时股东大会的决议案除了包含S公司提出的决议案内容外，额外多了两项任命其他两位董事的决议案。对于T公司提出的两项额外决议案，法官认为，该两项决议案是由公司另外两名股东提出，但是这两名股东持有的股份低于公司法规定的只有持有公司10%以上股份的股东才能提议召开临时股东大会的法定要求。同时，这两名股东不是公司的董事。另外，这两名股东仅仅写信给公司董事会考虑上述两名人选的董事任命，就该项提议也没有按照公司法的规定发布通知。因此，上述额外的两项决议案内容不符合公司法的要求。

从上述分析看出，T公司提议的临时股东会议构成了竞争性会议。

二是关于公司如何处理竞争性股东会议的问题。法官认为，一旦根据《2016年马来西亚公司法》第310条b项召开股东大会，公司不得采取任何干预会议的行动。尤其是在公司股东已经提出召开会议的步骤的情况下，例如，会议的通知和公告已经发出或公布。公司必须表达令人信服的理由，解释在已经由股东提议召开股东会议之前或之后再次召开竞争性股东会议的原因。公司有义务保障股东的此项权利的行使。竞争性会议一方面给公司造成了损失，浪费了时间，增加了公司成本，侵犯了公司的合法权益；另一方面，侵犯了在先提议召开股东临时性会议的公司股东的权利。因此，应当对竞争性会议加以禁止和限制。

第四章
劳动用工的智慧

怎样到RCEP成员国投资
马来西亚篇

中国企业在“走出去”过程中会遭遇诸多困难阻碍，除了传统的政治风险，劳工风险作为对外投资过程中出现的新型风险应当引起中国企业的关注，企业在用工时能否避免用工法律风险是企业经营成败的关键因素。马来西亚与中国在法律制度上存在一定差异，对当地劳动法律政策认识不足、劳动雇员权利保障的忽视、解雇员工理由不正当、随意裁员以及工会的介入都会导致企业处理劳务关系时产生纠纷，从而导致雇员与雇主之间的矛盾爆发。对此，应重视劳资双方关系的处理。法律层面上，加强对当地劳动法律的认识，重点从雇员权利保障角度出发，制定符合当地法律的雇员管理制度，针对当地信仰、礼拜的特殊要求，满足雇员的合理需求。在企业内部，需遵循马来西亚强制性要求，形成与当地相匹配的劳工标准制度。同时建立完善的用工合规风险防范体系，形成权责清晰的合规治理结构。产生纠纷时，应以多元化手段处理劳资纠纷，遵守法律，善用和解方式，将纠纷消化于企业内部。

第一节　马来西亚劳动市场概况

在中国与马来西亚合作愈发紧密的环境下，国内对马来西亚投资体量日益增长。从我国国家统计局公布的数据来看，2018年中国对马来西亚直接投资流量为16.6亿美元，排名所有国家中第九，在东南亚地区排名第三，仅次于新加坡与印度尼西亚。投资存量83.9亿美元，排名所有国家第十五，在东南亚地区排名第三，仅次于新加坡与印度尼西亚。从历年投资流量看，2010年中国对马来西亚投资流量仅为1.635亿美元，2018年投资流量已经达到16.6亿美元，为2010年的十倍①。马来西亚方面，根据马来西亚数据，马来西亚吸引中国直接投资从2008年的一亿林吉特出头增至2016年的95亿林吉特，引入的中国直接投资额占全部引入的直接投资额的比重也从2008年的1.3%增至2016年的6.2%②。

受中马合作日趋加强的影响，中国与马来西亚在劳工合作方面也愈发紧密，无论是国内往马来西亚派遣员工数或是雇佣马来西亚本地员工数量都有所增加。当前在马中国企业劳动力来源主要有三种：将中国员工派往

① 中国商务部、国家统计局、国家外汇管理局：《2018年度中国对外直接投资统计公报》。

② 数据来源：马来西亚国家银行。

马来西亚；雇佣马来西亚本地员工；雇佣马来西亚境内的第三国员工。根据中国国家统计局数据，虽然2019年中国对马来西亚劳务合作派出人员数量为2123人，较2015年减少419人，但是劳务合作年末在外数量从2015年的5267人增长至2019年的6580人，增长人数为1313人（见图1）。对外承包工程派出人员数量方面，中国对马来西亚承包工程派出人数从2015年的9756人减少至2019年的5455人，但承包工程年末在外劳务人数从2015年的9351人增长至2019年的13033人（见图2）。由于马来西亚对外劳工政策收紧，加之中国企业逐渐认识到企业融入当地实现本土化的重要性，中国对马来西亚派出的各类劳务人员数量在个别年份有所下降，但是在总体上中国对马来西亚派出劳务人员呈上升趋势。在雇佣马来西亚本地员工方面，截至2018年底，中国企业在马来西亚制造业投资项目累计达422个，为当地创造约7.3万个就业岗位[①]。

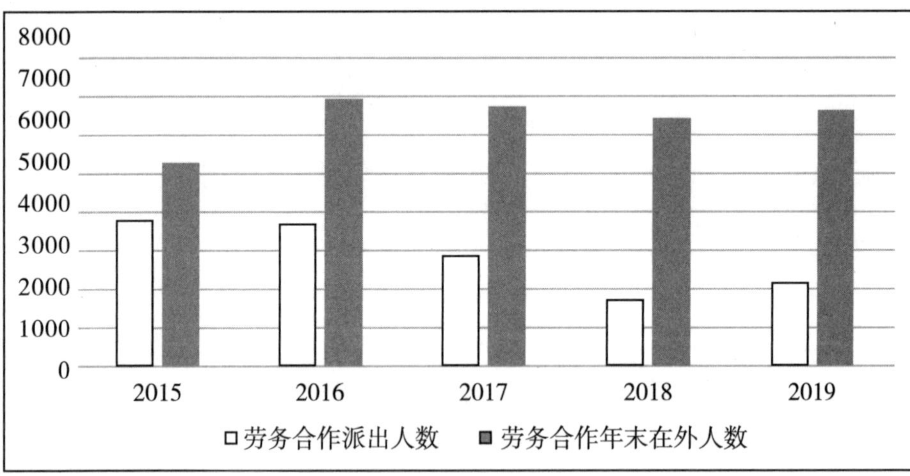

图1　中国对马来西亚劳务合作派出人数（单位：人）

数据来源：中华人民共和国国家统计局。

---

① 《“一带一路”助中马合作扬帆远航——驻马来西亚大使白天在马来西亚主流媒体发表署名文章》，中华人民共和国驻马来西亚大使馆官网，https：//www.fmprc.gov.cn/ce/cemy/chn/dsxx/dashixinxi/t1657039.htm。

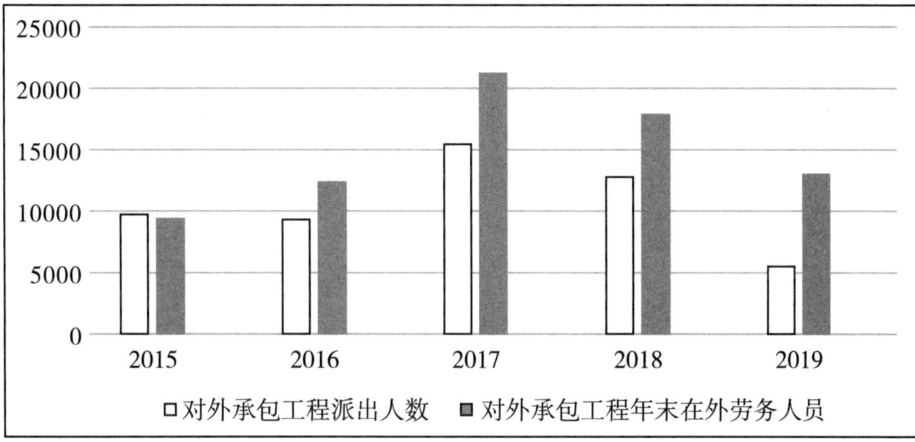

图2　中国对马来西亚承包工程派出人数（单位：人）

数据来源：中华人民共和国国家统计局。

近年来，马来西亚劳动力市场保持稳定。马来西亚国家银行数据显示，2019年马来西亚劳动力人口约为1580万人，服务业、制造业劳动力人口增幅较大。马来西亚劳动力人口参与率由2018年的68.3%增至2019年的68.7%。失业率3.3%，与2018年持平[①]。

受国家政策与经济转型影响，马来西亚就业结构主要呈现以下两种特点：一是服务业、制造业就业人员占比逐渐增大，农业就业人员占比逐渐缩小。20世纪70年代，马来西亚工业政策从内向型进口转为外向型、出口导向型，其以农村为基础的农业经济也朝着以城市为基础的工业经济过渡。在此期间，服务业增长迅速，世界银行2018年数据显示，2016年马来西亚服务业在本地生产总值占比达到55.68%，制造业占比达到35.68%，而农业只占到8.65%。由于制造业与服务业的扩大，马来西亚就业也朝着这两个行业倾斜。马来西亚统计部门数据显示，2020年第一季度，马来西亚私营企业总岗位数达到860万个，其中服务业是提供就业岗位最多的部门，共计提供有440万个岗位，占总岗位数51.9%，该部门中就业岗位主要分布于批发及零售业（占服务业岗位数34.9%）、金融、保险、地产及商

① 中国商务部：《对外投资合作国别（地区）指南——马来西亚（2020年版）》。

用服务业（占服务业岗位数21.1%）。除此之外，制造业也提供了共计230万个就业岗位，占总岗位数的26.3%，该部门中最多的就业岗位集中在电气、电子和光学产品部门（占制造业岗位数26.2%），其次是石油、化工、橡胶和塑料制品业（占制造业岗位数18.4%）及非金属矿产品、基本金属和金属制品业（占制造业岗位数15.6%）。与服务业、制造业相比，农业部门提供的就业岗位数较少，共48.3万个，占总岗位数的5.6%[①]。

二是随着马来西亚教育水平的提升，马来西亚就业人员技术水平、知识素质有所提高，这一变化可以从马来西亚熟练工人、半熟练工人、低技能工人在就业人员占比中体现出来。2013年，马来西亚标准职业分类（MASCO）将马来西亚就业人员技能水平分为如下类型：熟练工人（①管理人员，②专业人士，③技术人员和辅助专业人员）；半熟练工人（①文书辅助人员，②服务及销售人员，③熟练的农业、林业、畜牧业和渔业工人，④手工艺及相关行业工人，⑤工厂和机器操作员和装配工）；低技能工人（基本职业工人）。根据马来西亚国家银行分析，马来西亚2002年至2010年的净新创就业机会（Net Job Creation）分布，熟练工人岗位占45%，半熟练工人岗位占47%，低技能岗位类则占8%。这意味着去除掉消失的工作，21世纪的前十年马来西亚开创的新工作接近一半都是高技术类工作。此趋势在2011年至2017年有所改变，这7年中的净新创就业机会分布，半熟练工人岗位依然维持在47%，但熟练工人岗位只占37%，而低技能岗位则提升至16%。比起2002年至2010年，熟练工人岗位比重于2011年至2017年间减少8%，而同期低技术类工作增加8%。即使净新创就业机会中熟练工人岗位占比有所降低，但是仍然能看出在马来西亚净新创就业机会中绝大部分是由熟练工人与半熟练工人岗位组成。另外，熟练工人、半熟练工人、低技能工人在所有就业人员占比数据中，半熟练工人占比最高，2020年占所有就业人员数的59%，熟练工人占比第二高，且增长明显，由2017年的24%上升到了2020年的27.8%，低技能工人占比最低，2020年为13.2%。

---

① 数据来源：马来西亚就业统计局。

第二节　马来西亚的用工成本

一、本地雇员的雇佣要求

马来西亚一直以来都推崇企业在雇佣员工时必须首先考虑本地员工的观点，这点在马来西亚劳动法律制定以及政策调整中都有所体现。首先在法律制定方面，《1955年马来西亚雇佣法》第60M条规定，所有雇主都不得以雇佣外籍雇员为由终止与本地雇员的劳动合同；第60N条规定，即使雇主因雇员过多而必须缩减雇员数量，雇主也不得终止本地雇员的工作，除非已将与本地雇员同等能力的外籍雇员开除。其次在政策调整方面，由于疫情的影响马来西亚在2020年7月宣布禁止企业雇佣新的外籍雇员，仅建筑业、农业和种植业允许雇佣新的外籍工人。此举便是为了保护受到疫情冲击的本地人就业。根据马来西亚雇主联合会（Malaysian Employers Federation）2016年对210家公司的调查，85.2%的受访公司认为本地员工离职率高的主要原因是选择雇佣外劳，其观点并非没有依据，在马来西亚制造业中外国工人比例达到31.9%，而非制造业中外国工人占比为29.3%。

二、外籍雇员的雇佣规定

为有效限制外籍雇员的流入，避免外籍雇员侵占本地劳动力市场，马来西亚政府在企业招聘外籍雇员环节做了诸多限制。首先在准入方面，马来西亚仅允许外籍雇员从事建筑业、农业、种植业、采矿与采石业、服务业以及制造业六个行业领域的工作，并且在国籍方面只有15个国家的劳动力被允许进入马来西亚从事普通劳务工作，该15个国家中有13个国家（泰国、柬埔寨、尼泊尔、缅甸、老挝、越南、菲律宾、巴基斯坦、斯里兰卡、土库曼斯坦、乌兹别克斯坦、哈萨克斯坦、孟加拉国）的劳动力能够在上述的所有6个行业从事普通劳务，而其余2个国家的劳动力则无法在所有的6个行业领域服务。印度雇员只能在建筑业、农业、种植业、服务业4个行业领域工作，印度尼西亚的男性雇员只能在建筑业、农业、种植业、服务业、采矿与采石业5个行业工作，而印度尼西亚女性雇员则无此限制。即使外籍雇员办理合法手续被允许进入马来西亚从事劳务工作，但如果其在规定外的行业工作，也同样会被视为非法雇员。其次，在马来西亚投资的外国企业亦不能无限制地招用外国员工担任管理人员，马来西亚政府对外国公司聘用重要管理人员实行配额制，即依据外国公司实缴资本的不同给予其不同数量的关键职位以及管理职位名额。外国公司可获得的职位配额包括关键职位（Key Post）以及定期职位（Time Post）两种，担任关键职位的是公司高层管理人员，其任务是负责公司的投资决策与日常运营等重要事项，是公司至关重要的职位。而定期职位包括管理职位（Executive Post）以及非管理职位（Non-Executive Post）两种。而担任管理职位的员工是公司的中层管理以及专业技术人员，他们需要有专业资格、实际经验、相关技能与专业知识，其主要负责执行公司政策与管理员工。担任非管理职位的员工则是公司的技术人员，其需要具备特殊的专业技术或实践技能与经验。外国公司实缴资本在200万美元以上的可以获得10个外籍员工名额，其中有5个关键职位的名额。实缴资本超过20万美元但不足200万美元的外国公司可获得5个外籍员工名额，其中包含至少1个关键职位的名额。实缴资本少于20万美元的外国公司则须由相关部门视情况批准其可获得的外籍员工配额。最后，在聘用普通劳务人员方面，

《1955年马来西亚雇佣法》规定雇主不得因雇佣外籍雇员而辞退本地雇员，当雇主必须缩减员工数量时也必须先辞退外籍雇员。

三、外籍雇员税的缴纳

目前，雇主每年须为外籍雇员缴纳的外籍劳工税额根据不同行业以及不同区域有所差别。在马来西亚半岛，制造业、服务业与建筑业外籍劳工税额为每年1850林吉特，种植业与农业外籍劳工税额为640林吉特。在沙巴与砂拉越地区，制造业与建筑业外籍雇员税额为1010林吉特，种植业外籍雇员税额为590林吉特，农业外籍雇员税额为410林吉特，而服务业外籍劳工雇员税额则为1490林吉特。除此之外，马来西亚政府还允许雇主为已在当地工作十年的外籍雇员申请工作准证的延长，但是雇主必须为外籍雇员支付更高的外籍雇员税费，具体税额为建筑业、服务业、制造业6000林吉特，种植业与农业2000林吉特。马来西亚政府推行该项政策主要是为了帮助雇主留住熟练工人，而不至于让雇主重新寻找工人并对新晋工人进行培训。

四、中国雇员的聘用

改革开放以来，中国雇员主要通过以下8种具体形式前往境外就业：（1）中国企业承包境外工程项目外派中国雇员前往境外工作。（2）中国企业在境外设立企业并派遣国内雇员前往境外工作。（3）取得对外劳务合作经营资格的中国企业与国外雇主订立劳务合作合同，根据合同要求组织中国雇员前往境外就业。（4）通过境外就业中介机构搭桥寻找境外雇主，帮助雇员与境外雇主签订劳动合同。（5）中国雇员因技术出口前往境外就业。（6）留学打工或毕业后在境外就业。（7）个人通过投靠亲友或其他海外关系合法出境并实现境外合法就业。（8）合法出境后未能获得当地工作许可便非法就业。

从实际情况看，境外中国企业主要以前四种形式雇佣中国雇员。其中对外承包工程公司承包境外项目基本为国企，根据中国《对外承包工程管理条例》规定，企业通过对外承包工程外派人员中介服务机构招聘外派雇员的，对外承包工程公司必须与外派雇员签订劳动合同。该种情况下企业外派出国雇员是有组织、成建制的，在承包工程结项后同样需要有组织地回国，其派出人员主要以工程技术人员与管理人员为主。第二种情况即境外的中国企业派遣国内雇员前往境外工作则涉及企业内部人员调动，该种情况下马来西亚对国外企业实行配额制，即中国企业只能根据自身投资情况获得相应的关键职位与定期职位配额，依获得的名额数派出中国员工出境工作。其余两种为外派劳务与境外就业，即上述8种方式中的第3、4项。在商务部发布的《商务部关于做好境外就业管理工作的通知》中将境外就业与外派劳务统称为对外劳务合作，这两种对外劳务合作方式既有相同点亦有差异之处，相同在于这两种形式都需通过对外劳务合作经营机构，即境外就业中介机构与对外劳务合作经营机构发挥中介作用，差异之处在于不同的方式劳务人员与境外雇主之间法律关系有所不同。境外就业中介机构在境外雇主与中国雇员之间起到的是牵线搭桥的作用，根据中国《境外就业中介管理规定》，其主要负责为中国公民提供境外就业信息、咨询服务；接受境外雇主的委托，为其推荐所需的应聘人员；为境外就业人员进行出境前培训以及帮助中国雇员办理签证、护照等各种境外就业材料。因此境外就业中介机构更像是一种职业介绍机构，其与劳动者签订的是委托服务合同，与境外雇主签订的是经济合作协议，而劳动者在获得境外就业信息后直接与境外雇主签订劳动合同。与境外就业中介机构不同，对外劳务合作经营机构由《对外劳务合作管理条例》进行规制，其与境外雇主签订的是劳务合作合同，而与劳动者直接签订劳动合同，其性质更像是劳务派遣。由于聘用员工方式的复杂以及两国间不同的法律规定，企业在聘用本国员工时容易忽视法律规定，或是与其合作的中介机构违法为其介绍员工，导致出现违规雇佣的情况。

五、马来西亚对雇员权利的保障

马来西亚对雇员权利保护较为全面，在各个方面为雇员提供保障。其对雇员权利保障主要包括两个方面：一是雇员的基本权利保障，主要由《1955年马来西亚雇佣法》《1994年马来西亚职业安全与健康法》以及《1967年马来西亚劳资关系法》进行规制；二是马来西亚社会保障体系，主要由《1967年马来西亚雇员社会保险法》《1991年马来西亚雇员公积金法》进行规制。

雇员工作中有关工作时间、假期、休息日的问题主要体现在《1955年马来西亚雇佣法》第12编中，其规定马来西亚雇主必须每周给予雇员最少一个休息日，除非因工作性质要求雇员连续轮流操作的，不得强迫雇员在休息日工作。工作时长方面，马来西亚规定雇员每日最长工作时间为8小时，且雇员连续工作5个小时必须要获得不少于30分钟的有效休息时间。假期方面，雇员有权利获得公共节假日、年假、生病带薪休假的待遇。马来西亚雇员享有的公共节假日里有11天是有薪公共节假日，其中国春节、马来西亚最高元首生日、州统治者生日、劳动节、马来西亚日为固定的带薪休假节日，其余6天带薪休假公共节假日则由雇主与雇员自由协商约定。雇员带薪年假与带薪病假由其受雇时间所决定，根据受雇时间不足2年、2～5年、5年以上，雇员可相应享有每年8天、12天、16天的带薪年假以及每年14天、18天、22天的带薪病假。此外，为了保证雇员能有安全的工作环境，保障雇员身体健康，《1994年马来西亚职业安全与健康法》规定雇主需要确保其所有雇员的工作安全、健康，其责任包括：（1）保证工作设备以及工作系统的安全；（2）保证雇员在操作、搬运、储存货物以及大型设备过程中的人身安全；（3）为雇员提供培训、指导以及必要的信息以确保雇员在工作中的安全；（4）保证雇员工作场所以及工作环境的安全，并提供安全进出通道；（5）为雇员制定职业安全与健康的政策。为此，马来西亚专门成立国家职业安全与健康委员会，由其对雇主是否为雇员创造安全的工作环境进行监督。而在雇员成立工会权利方面，

《1967年马来西亚劳资关系法》规定雇员可以在各个行业成立工会，以此保障雇员能够与雇主平等对话争取更多合法权益。

马来西亚雇员社会保障体系主要包括四个部分：雇员公积金、雇员社会保险金、公务员退休金以及社会福利。其中雇员公积金与雇员社会保险金是马来西亚雇员社会保障体系的核心。《1991年马来西亚雇员公积金法》规定雇主应当每月按照该法附表3的比率缴纳雇员公积金，该笔公积金将用于雇员退休后养老、住房以及医疗保障并由马来西亚雇员公积金局进行管理。工伤保障方面，《1967年马来西亚雇员社会保险法》规定所有雇主都需要向社会保险机构进行登记，并为雇员每月缴纳社会保险费。该项保险计划包括两种：工作意外保险计划以及残疾退休金保险计划。工作意外保险保障雇员在工作受到伤害时获得医疗补贴、暂时性丧失工作能力补贴、伤病照料津贴等一系列补贴。而在残疾退休金保险计划下，雇员将获得24小时的保障，无论雇员是否是在工作时间或是否因工作原因而残障，都将获得救助，该保险计划提供的援助包括残疾退休金、残疾援助金、康复训练补助金等补贴。此外，马来西亚还在2018年开始施行雇员就业保险制度，员工与雇主双方每月按照工资0.2%的比例缴纳保险金，用于保障雇员在失业时能够获得包括求职津贴、提前重聘津贴、收入减少津贴、培训津贴在内的资金补助。

第三节　中国企业防范劳动法律纠纷对策

一、加强对马来西亚有关法律的了解

与我国属大陆法系不同，马来西亚为英美法系国家，加之马来西亚多数人口信奉伊斯兰教，这就导致两国劳动法律存在较大差异。以穆斯林雇员的礼拜时间为例，每日的礼拜时间与工作时间有所冲突。为此马来西亚人力资源部在2019年出台《工作时间祈祷礼拜指南》以保证穆斯林雇员在工作时亦能进行礼拜。虽然在《1955年马来西亚雇佣法》中未提到雇主必须给予穆斯林雇员一定的礼拜时间，但是根据第60A条关于工作时间的规定，雇员在连续工作5小时后必须有至少30分钟的休息时间，而《工作时间祈祷礼拜指南》则是以此条文为依据，在雇员休息时间的基础上做出宽限以保证穆斯林雇员的礼拜时间。该指南要求雇主在工作期间必须给予穆斯林雇员每次最少20分钟的礼拜时间，周五则必须有一个半小时的礼拜时间。除此之外，雇主还需要为穆斯林雇员提供干净的礼拜室以及草席、地毯、净洗水等必要的礼拜设备，这些都是与中国不同的规定。

马来西亚素来注重雇员的劳动权利保障，且马来西亚劳动法律与中国存在诸多差异，如在法定假期、工伤补偿、职业安全保障方面都有一定的差异，因此中国企业应当加强对马来西亚劳动法律的理解。具体来说，中国企

业可以通过以下几种方式了解马来西亚劳动法律。其一，企业在进入马来西亚市场前应进行尽职调查，以对东道国法律体系有一个宏观的了解，摸清有关劳动合同、员工福利、工会组织、争议裁决等劳动问题的法律规定，并对其进行风险分析。此阶段企业可以利用政府编制的材料，如中国商务部发布的《对外投资合作国别（地区）指南》、国家发改委编制的《一带一路国外投资指南》等文本作为参考。其二，在马来西亚经营的中国企业组建管理层时可以任用熟悉当地法律的本地人，或是与当地精通劳动法律的律师事务所合作，聘请其成为企业法律顾问，保证企业合法用工。其三，企业应对内部管理人员进行培训，让管理人员定期学习马来西亚法律知识。

除此之外，中国还应尽快融入当地。马来西亚的主要宗教是伊斯兰教，由于信仰原因其在风俗习惯如礼拜、饮食等方面都与中国有着较大的差别。中国企业若无法适应如必须在工作时间内允许员工礼拜等规定，很容易引发劳资纠纷。为了能够真正融入当地、实现长期经营，中国企业应当考虑聘用当地人担任中高层管理人员，制定符合当地风俗习惯的规章制度。

二、企业内部建立相适应的劳工标准

目前马来西亚已批准18项国际劳工组织公约（已废除4项）以及10项一般公约，意味着这些公约所制定的劳工标准已被马来西亚纳入其国内法中，成为强制性标准，企业在用工过程中必须依其行事。除此之外，中国企业在马来西亚要求的劳工标准基础上可施行更高的标准。目前国际社会普遍对SA8000标准（Social Accountability 8000）有较高的认可度，SA8000标准由国际社会责任组织（Social Accountability International）制定，其所认证的要素参考了国际劳工组织关于禁止强迫劳动、结社自由的有关公约及其他相关准则，包括以下9项内容：（1）不使用童工。（2）不得强迫雇员工作。（3）不得有歧视行为。（4）不得使用体罚或言语侮辱。（5）尊重雇员结社自由与集体谈判权。（6）雇员工作时间一周不得超过48小时，每7天应有一天休息，每周加班不超过12个小时，加班应获得加班工资。(7) 工资不得低于最低标准，以方便雇员领取的方式发放工资，不得有惩罚性质的扣除工资。(8) 为雇员提供安全、卫生的工作场所。(9) 在公司内部制定符合SA8000标准的社会责任与工作条件政策并定期进行审核。SA8000标准对于劳工标准的要求高于马来西亚，适用更高要求的劳工标准有利于企业提升其形象与信誉，赢得当地民众的信赖，且当前许多发达国家企业都对交易方有获得SA8000标准认证的要求，推行SA8000标准也有利于中国企业开拓市场。

三、建立完善的用工合规风险防范体系

合规经营是中国企业在马来西亚实现长久经营的重要条件，因此在企业内部建立合规管理架构，完善用工合规风险防范体系有利于企业避免因不当的行为而遭受用工法律风险。建立用工合规风险防范体系首先需要在企业构建一个合规管理架构。企业可以从三方面进行合规管理架构的构建。首先，需要建立权责清晰的合规治理结构，在决策、管理、执行三个层级上明确划分合规管理责任。其次，根据具体需求设立相应的合规管理机构，由该机构负责制定企业合规战略、开展人事部门合规培训、识别评估企业相关合规风险等工作。最后，应当建立合规管理部门与其他业务部门的合作交流机制，如合规管理部门与人事部门合作，共同制定用工合规指引，保证人事部门员工管理的合法依规。在形成一个完整的企业合规管理架构后，应当着手建立用工合规风险防范体系。企业可以从用工法律风险识别、用工法律风险评估、用工法律风险处置三方面进行构建。法律风险识别方面，企业在内部可以要求合规管理部门加强对东道国劳动法律、风俗禁忌等问题的资料搜集以及考察调研，形成企业用工法律风险指引，并派发各部门参考使用。通过咨询、考核甚至内部查处等方式在企业内部自查自纠，识别企业可能存在的用工法律风险。在企业外部层面上，可以聘请当地律师事务所为其法律顾问，通过梳理劳动法律纠纷案例等方式动态掌握东道国法律环境的变化，以便及时采取应对措施。用工法律风险评估方面，合规管理部门可对过往发生

的劳动纠纷事件进行参考，分析造成违规的原因，并对未来可能造成用工违规的不合理规章、制度进行风险评估。在评估后形成报告提交决策部门、管理部门以及人事部门参考使用。在用工法律风险处置方面，企业应建立劳动纠纷预先协调部门，通过协商的方式避免劳动纠纷最终走向诉讼这一步。另外，企业还应有问责制度，对于因高层管理人员或是决策层不当管理导致劳动纠纷的应对其进行问责处罚。企业也可与外部的政府监管机构合作，保持良好的沟通渠道，在有可能发生重大劳动纠纷如企业将进行大规模裁员时及时上报监管部门，以避免用工法律风险的进一步扩大。

四、多元化手段处理劳资纠纷问题

中国企业在与雇员存在纠纷时并不一定要通过诉讼方式解决，可以采用多元化的方法在内部处理劳资纠纷，通过事先预防与事后和解共同消除潜在的诉讼纠纷风险。

在事前预防方面，应当注重构建良好的劳资双方关系。工会作为雇员群体的代表，在调整雇主与雇员关系的过程中起着至关重要的作用，因此雇主若想与雇员保持长期良好关系必须做好与工会的沟通工作。企业管理人员应与工会负责人或是行政人员保持联系。为维持雇主与雇员间良好的劳资关系，雇主可以提议设立一个由雇员代表与雇主代表组成的联合协商委员会，委员会定期召开会议就雇主与雇员之间的工作问题交换意见，倾听雇员心声，尽量通过会议讨论雇员就工作条件、薪资待遇、权利受侵害等问题，在劳资纠纷初冒头时便及时化解。

而在发生劳资纠纷后，为快速、和平地解决劳资纠纷，企业可以在内部建立劳资纠纷申诉程序，在此程序下雇员可以自己名义也可请求工会作为其代表与雇员的直接上级进行交涉。若与直接上级交涉无果，雇员方可以通过书面形式向企业管理层进行申诉，最终由企业管理人员与雇员进行会谈决定是否与雇员和解。如此一来，雇主与雇员之间的矛盾便能在企业内部消化，避免了将劳资纠纷提交至劳工法庭甚至高等法院一级，防止双方矛盾进一步激化，不仅能够维持劳资双方的和谐关系，亦能减少对簿公堂导致的时间以及诉讼成本。

五、依法裁员

企业在遭遇经营困难时有可能会采取裁员的方式以削减劳动成本。但是马来西亚对企业裁员规定了极为严格的条件。根据《1955年马来西亚雇佣法》第12（3）条规定，企业裁员必须满足以下条件之一：

1.雇主已经终止或有意终止雇员受雇执行的工作。

2.雇主已经终止或想要终止雇员在合约中规定的工作地点所执行的业务。

3.雇员所执行的特定种类工作的需求结束或缩减，或预计即将结束或缩减。

4.雇员在合约规定地点所执行的特定种类工作的需求结束或缩减，或预计即将结束或缩减。

5.雇员拒绝转移到其他地点工作，除非其雇佣合同要求其须接受转移。

6.雇员所从事工作的公司所有权发生了变化，无论该变化是由于售卖、处置抑或是因法律行为产生的。

在满足条件的情况下，企业可以进行裁员，但是应遵守马来西亚《工业和谐守则》，其第22（a）条明确雇主在进行裁员时必须采取以下措施：

1.尽可能地、尽早地向有关工人发出裁员警告。

2.推行自愿裁员和退休计划，以及支付裁员和退休福利的计划。

3.先裁退超过正常退休年龄的退休工人。

4.与政府机构合作，帮助工人寻找新的工作；分批进行裁退以给予雇员一定的宽限时间。

5.制定在裁员方面明确和客观的筛选标准。例如雇员个人的能力、经验、技能和职业资格。

6.通知工会。

企业在裁员时应当符合《1955年马来西亚雇佣法》的规定，同时要以马来西亚《工业和谐守则》为指引，合法依规进行裁员。

案　例：不正当解雇与裁员程序

案例一：解雇理由不合理导致的不正当解雇

（一）基本案情

本案中原告为被告公司所属员工，其在工作期间被借调至被告的全资子公司并担任子公司业务主管一职。2012年初，公司管理层发生变动，并任命新CEO（首席执行官）。此后不久，原告被告知由于新CEO实施新的公司经营战略，该新经营战略下原告所属职位要被优化裁减，而在原告仍然受雇于被告公司期间，被告已开始面试新人以担任该公司的业务主管。2012年4月，原告收到被告公司发出的终止信告知其已被裁员，之后新雇员代替被告担任该公司的业务主管。为此，原告向法院提起诉讼认为被告解雇原告是违法的，因此要求法院判决被告对原告进行补偿。

（二）争议焦点

1.被告解雇原告的理由（公司业务主管一职在公司机构上是多余的）是否合理。

2.被告败诉后应进行何种补偿。

（三）裁判观点

该案中被告辩称，由于子公司的经营战略发生变化，重心将转移至传统的基金管理工作和伊斯兰债券基金管理，而原告并不具备该领域的知识与技能，因此将其解雇，而任命新员工担任公司业务主管是因其具备伊斯兰债券基金管理方面的能力。

法院审理认为，被告未提供足够的证据表明其制定了新的业务计划，也没有足够的证据表明新雇员相比于原告更适合实施所谓的新业务计划。除此之外，伊斯兰债券基金管理项目是在做出解雇原告的决定9个月后方才启动的，这意味着原告没有任何机会接触该项目也没有获得任何培训的机会。法院还认为，在判断雇主解雇行为是否正当时，只需考虑雇主在解雇时提出的理由，不考虑其他原因。因此，被告在陈述时虽有提到原告绩效不佳，并且缺乏业务主管一职所应具备的技能和客户群，但法院拒绝对这些理由进行审查，因为被告在解雇原告时并未将这些问题作为解雇的原因。法院强调，虽然雇主有权对其业务进行重组，但是雇主在因重组业务而要进行裁员时必须有正当的理由并且出于善意，不能破坏公平的劳动实践。最后，法院判定被告以业务主管一职冗余为由裁员，但是原告被解雇后其原先担任的职位仍然存在，只是由新雇员替代，因此判定被告构成不正当解雇。

（四）判决结果

法院判决被告构成不正当解雇，由于要求被告恢复原告职位并不利于保护原告权益，因此法院要求被告以原告工作时间为标准，原告每在职满一年补偿其两个月工资，并支付所拖欠的工资及应缴公积金。

（五）案件启示

通过该案我们可以看到，由于雇主解雇员工理由被法院认定为不正当，雇主支付了高昂的赔偿金。因此，企业在解雇员工时必须要寻找经得起推敲的理由，保存足够的证据，并且一定要在解雇员工之时在发出的终止信上说明解雇的缘由。该案中被告只以岗位须裁减为由便解雇原告，而后又在庭审中提出原告绩效不佳的问题，法院对此认为被告解雇之时并未提到绩效问题，因此未采纳该理由。而在赔偿金的问题上，根据马来西亚法律规定，若雇主构成不正当解雇雇员可申请复职，但是在实际情况中，恢复雇员职位，让雇员重返公司上班并不一定利于原告，并且由于诉讼需要花费时间，许多被辞退的雇员在诉讼期间便已经找到新的工作，因此判决雇员复职在多数情况下并不适合。因此，马来西亚联邦法院在一次判决中认定若复职的判决不利于雇员，法院可以根据《1967年马来西亚劳资关系法》第30条的规定要求雇主予以金钱的补偿。对于补偿的金额，工业法院在《1987年第1号实务指导》中明确，货币补偿包括雇主拖欠的薪资即解雇后至裁决做出时雇主应发的工资，以及复职的代替性补偿金，其中拖欠的工资从雇主正式解雇之日起计算至裁决做出之日。

案例二：裁员标准的衡量

（一）基本案情

原告于1981年受雇于A公司所属部门维修科，担任普通工人。1999年，A公司业务被转移到被告B公司。原告也于1999年10月27日成为被告B公司的维修工人，从事修理机器工作，每月的基本工资为2543.00林吉特。随后，被告B公司于2008年11月28日向原告发出了一封“重组”信函，告知其职位将被裁减。该信函写到由于近来全球经济放缓影响公司的业务，导致产量减少了35%，基于此，公司不得不考虑降低包括劳动成本在内的运营成本，以保持公司的盈利能力，以保证公司能够继续在马来西亚开展业务。双方雇佣关系自2008年12月25日起实际终止，被告B公司向原告支付遣散费，总共向原告支付146951.57林吉特，其中包括原告2008年12月按比例计算的工资、相关津贴、一个月的代通知金、固定奖金、裁员福利。扣除税款3601.75林吉特后，原告总共收到143349.82林吉特。此后，原告对被告B公司提出索赔，指称被告B公司没有遵守此前公司与雇员组织签订的《集体协议》中关于计算裁员补助金的规定，少支付原告85240.08林吉特。

（二）**争议焦点**

1.被告B公司是否真实存在必须裁员的情况。

2.被告B公司解雇原告是否有正当理由。

3.被告B公司是否存在少支付裁员补助金的情况。

（三）**裁判观点**

如果雇员因裁员被解雇，而雇主提供了解雇理由，劳工法院有责任审查该理由是否正当，并判断该解雇行为是否是一种可接受的做法。雇主可以以雇员存在不当行为、表现不佳或裁员为由解雇雇员。但在不同情况下，法庭对于解雇理由的考量标准是不同的。其中关于裁员问题，雇主有权决定他们企业的适当规模。如果有超出雇主需要的工人，裁减这些冗余的员工即是可接受的行为。但是雇主在裁员过程中必须遵守公认的行业惯例。法院指出，雇主面临重大经济衰退，对公司的盈利能力产生不利影响，便有权进行重组，以节省成本，确保公司的持续生存。但是雇主也需要向法院提供销售数据、运营成本和损益账目，作为公司存在财务问题的证据。该案中，被告B公司向法院提供了2009年公司收入报表，该报表证明，被告B公司的收入从2008年的142395175林吉特下降到2009年的128638393林吉特。被告在2008财政年度净损失7824615林吉特，2009年净损失5382011林吉特。此外，原告并不是唯一一名被解雇的员工，被告B公司在2008年和2009年共裁减了58名雇员。最后，法院采纳了被告B公司的意见，认为被告有正当理由重组其业务因而进行裁员，而其裁员行为是公司应有的管理权。而在裁员补偿金认定的问题上，法院审查发现根据《集体协议》第4.1条的规定，协议自2009年2月1日起生效，有效期为三年，至2012年1月31日止。然而原告于2008年12月25日被解雇，该日期早于《集体协议》的生效日期，因此《集体协议》不适用于原告。

（四）**判决结果**

法院判定被告B公司因遭遇经济亏损，因而重组业务进行裁员理由正当，其解雇行为合理。

此外，由于原告在《集体协议》生效之前已被解雇，因而不适用《集体协议》中补助金的计算方式，判决驳回原告诉请。

（五）案件启示

该案中，被告公司在诉讼中完整地提交了其财务报表证明了公司处于亏损的状态，提交裁员名单证明原告并不是唯一一名被裁减员工，从而使得法院认定被告公司并未存在不正当解雇的情况。企业若要解雇员工，特别是大规模裁员或重组时，必须有完整的文件记录。而在裁员补偿金的计算上，企业必须认真细致地计算各种补偿标准，如离职代通知金的计算、离职补助的计算，如签订有《集体协议》的必须根据《集体协议》的规定计算补偿标准，以避免后续出现纠纷。

第五章
外汇管理的技能

怎样到RCEP成员国投资

马来西亚篇

中国企业出海投资时，不论是直接投资还是间接投资都涉及货币收支，这就关系到外汇的使用。外汇管理一方面涉及外汇交易合法性，另一方面则涉及汇兑财务成本。中国企业到马来西亚投资，首先需要了解中国和马来西亚两国的外汇管理基本制度，特别是境外直接投资的相关外汇交易规则这一重点问题。外汇管理具有很强的实务性，资金流动过程中各阶段的具体实操细则是需要重点关注的问题，如资金从中国出境时需兑换为外币后进入马来西亚使用、公司在马来西亚产生利润后又需要依据马来西亚法律兑换为人民币汇入中国等，针对这些环节，中马两国法律分别有不同规范，需要分别梳理。马来西亚已正式纳入跨境人民币结算试点范围。人民币信用证、人民币保函和人民币托管等业务都已经能够在中马两国之间实施人民币清算。在对外投资方面，中马两国之间人民币贷款业务已能完成内保外贷，进一步促进了中国与马来西亚在投资领域的深入合作。

第一节　中国外汇管理基本制度及实操

一、中国外汇管理基本制度

汇率报价、外汇市场以及外汇管理构成中国外汇管理制度的基本要素。中国人民银行、中国外汇交易中心以及国家外汇管理局在我国外汇管理领域承担不同的角色。中国人民银行是国务院组成部门，中国外汇交易中心是中国人民银行总行直属事业单位，国家外汇管理局是国务院部委管理的国家局。中国人民银行负责对外汇市场进行综合性监管。国家外汇管理局则主要负责起草政策文件，国际收支、对外债权债务的统计和监测，全国外汇市场的监督管理，结售汇业务的监督管理，培育和发展外汇市场等。中国外汇交易中心暨全国银行间同业拆借中心，是为银行间市场提供交易所需信息、中小金融机构备案报价或银行结售汇备案的基本平台。

截至2021年6月30日，我国关于外汇管理方面的综合性基本法规主要有《中华人民共和国外汇管理条例》《境内外外汇划转管理暂行规定》《个人外汇管理办法》《境内外账户管理规定》等。根据相关规定，我国外汇业务分为经常项目和资本项目。经常项目是指国际收支中涉及货物、服务、收益及经常转移的交易项目等。资本项目是指国际收支中引起对外资产和负债水平发生变化的交易项目，包括资本转移、直接投资、证券投资、衍生产品及贷款等。

经常项目外汇管理是指对属于经常项目下的各类交易，如进口货物、支付运输费、支付保险费、劳务服务贸易、出境旅游、投资利润等项目进行外汇管理。在经常项目外汇管理方面，主要法规是国家外汇管理局发布的《经常项目外汇业务指引》，针对货物贸易、服务贸易及个人经常项目外汇管理的特别情况又有相应的规定，如国家外汇管理局发布的《关于服务贸易等项目对外支付税务备案有关问题的公告》等多项法规。自1996年起，我国已取消所有经常性国际支付和转移的限制，实现人民币经常项目可兑换。目前，经常项目的管理根据真实交易的需要开展，如银行会要求申请人提交相应的货物买卖合同、服务合同等。总之，货物贸易项下国际支付不受限制，但境内机构的贸易外汇收支应当具有真实、合法的交易背景，与货物进出口一致。国家对服务贸易项下国际支付也不予限制，但强调服务贸易外汇收支也应当具有真实、合法的交易基础。

与境外投资息息相关的主要是资本项目，资本项目外汇管理主要涉及外商直接投资外汇管理、境外投资外汇管理、证券市场投资、外债及对外担保管理、个人资本项目外汇管理及大项目。涉及的主要法规包括国家外汇管理局发布的《资本项目外汇业务指引》《关于进一步改进和调整资本项目外汇管理政策的通知》《关于改革和规范资本项目结汇管理政策的通知》《境内机构境外直接投资外汇管理规定》等。2001年我国加入WTO后，为平衡国际收支，提出新的管理目标，逐步放开资本项目可兑换，从对外债权债务、直接投资、证券投资等多方面展开。在直接投资领域，主要是2015年资本金意愿结汇政策改革，大幅简化外商直接投资外汇管理，实现外商直接投资基本可兑换。

自2020年新冠肺炎疫情暴发以来，资本项目外汇管理推出更多便利措施，以支持疫情防控和企业的复工复产，如完善外商直接投资管理，针对更新后的《中华人民共和国外商投资法》同步整合、修订现行的外商直接投资相关外汇管理法规等一系列措施。

二、经常项目操作基本流程

关于经常项目外汇兑换基本流程，本书以货物贸易外汇业务为例，说明外汇账户设立及收款、结汇等的基本流程。

首先，企业要进行收付汇，需要在国家外汇管理局及其分支局（以下简称外汇管理局）进行名录登记的流程。这是依据外汇管理局实行“贸易外汇收支企业名录”（以下简称名录）登记管理制度所开展，具体通过货物贸易外汇监测系统（以下简称货贸系统）发布名录。对于不在名录的企业，银行和支付机构原则上不能够为其办理货物贸易外汇收支业务。仅小微跨境电商企业，银行和支付机构按规定凭交易电子信息办理货物贸易外汇收支业务时，对年度货物贸易收汇或付汇累计金额低于等值20万美元（不含）的该类企业，可免于办理名录登记。一般企业都需向营业执照所在地外汇管理局申请名录登记。

其次，在完成名录登记后，企业可前往银行开设账户，进行货物贸易收付款业务。对于企业货物贸易外汇收入可先进入出口收入待核查账户，也可进入企业经常项目外汇结算账户或结汇。

目前，经常项目均可按需兑换的情况下，外汇管理局对于存在预付预收款项或延期收款、延期付款的情形，要求企业主动报送信息，包括：在30天以上（不含）的预收货款、预付货款，90天以上（不含）的延期收款、延期付款的业务，企业应在货物进出口或收付汇业务实际发生之日起30天内，通过货贸系统向所在地外汇管理局报送对应的预计收付汇或进出口日期等信息。

境外直接投资属于资本项目，本书将会在第二节对境内投资者在境外投资基本流程做详细介绍。

第二节　马来西亚外汇管理基本制度及政策

一、马来西亚外汇管理基本制度

与中国外汇管理制度不同，马来西亚国家银行（Bank Negara Malaysia）是马来西亚的外汇管理部门。该国并未单独设立主管行政机关，而是由国家银行履行外汇管理职责。马来西亚法定货币为马来西亚林吉特(Ringgit)。

2013年6月30日，随着《2013年马来西亚金融服务法》以及《2013年马来西亚伊斯兰金融服务法》的生效，替代原有的6部法律，马来西亚金融管制的自由度在10年内大幅提升。同时，马来西亚国家银行还更新了《外汇管理公告》，替代原有的多项公告内容。根据这份长达70多页的《外汇管理公告》，马来西亚国家银行被赋予部分裁量权，即部分在《2013年马来西亚金融服务法》中规定不允许进行的交易，可以通过向马来西亚国家银行申请许可的方式进行。

二、马来西亚国家银行《外汇管理公告》

相较于中国的外汇制度，马来西亚的外汇政策自由度是较高的。马来西亚国家银行《外汇管理公告》主要由七份公告构成，包括货币、黄金和贵金属交易，借款、贷款和担保，外汇资产投资，付款和收款，证券和金融工具，货币的进出口，货物出口。外汇交易类型可分为以即期交易为基础和以远期交易为基础。即期交易基础指在2个工作日交割的外汇买入卖出。远期交易基础是指在超过2个工作日结算的外汇买入卖出，这类合约主要指金融衍生品、伊斯兰金融衍生或其他金融交易。马来西亚对这两种主要类别的交易进行不同强度的管理。对于即期交易为基础的货币兑换管理宽松，例如居民与境内持证银行之间以自有账户基于即期交易基础的货币兑换都是允许的，非居民与境内持证银行或其海外机构之间用于国际货物贸易结算也是允许的，没有任何特别限制。但以远期交易基础的交易因涉及金融衍生品及国内金融安全，则有大量条例予以规范。

在马来西亚设立公司后，作为居民公司投资，如公司没有马来西亚境内的林吉特借款，则投资外汇资产的金额没有上限。但如果公司有马来西亚境内的林吉特借款，则需要视资金来源而定。如果投资的外汇资金来源于马来西亚境外且并非货物贸易收益，或来源于直接用于海外投资的境内持证银行提供的外汇借款，则投资外汇资产的金额无上限。这项规范也符合马来西亚一直以来希望加大引进外资力度的政策导向。对于资金来源为林吉特直接兑换外币、贸易外汇账户或不用于海外投资的境内持证银行提供的外汇借款，则有每年5000万林吉特的上限。这是对资本外流限制的需要。但这种资本外流并不限制境外投资者汇回利润。在《公告四：付款和收款》E部分非居民的资金汇回相关规定中，非居民可以从马来西亚汇回利润，包括任何林吉特资产下的撤资产生的所得收入或收益，只需要具备两个条件：首先，利润是以外币汇回；其次，外汇兑换则根据《公告一：货币、黄金和贵金属交易》B部分的规定将林吉特转换为外汇，即符合非居民兑换外汇的要求，如为进行即期交易基础或远期交易基础下的国际货物或服务贸易结算、基于合同产生的其他义务所进行的外汇兑换都是允许的。

对于货物进口而产生的支付义务，马来西亚国家银行并未发布专门的公告予以规范；但对货物出口而产生的收款权利则专门发布《公告七：货物出口》予以管理，对居民货物出口收益的收款做出详尽规定，以确保出口所赚取的外汇能尽快回到马来西亚国内。该公告的A部分规定，居民出口商应全额收回马来西亚出口货物的收益，除非出现扣减、抵销或核销的情况。汇回后可以以林吉特、外币形式存入林吉特账户或贸易外汇账户持有，视情况而定，但必须是存入境内持证银行账户。为了确保这样的收益不会在海外滞留，马来西亚国家银行还规定合同约定的付款时间不能超过发货日的6个月；除非存在附录C规定的情况，居民出口商可以自装运之日起最长24个月取得货物出口收益。这些情况包括居民出口商无法控制的延迟、买家的现金流问题、订单的取消、买家所在国对外汇交易的限制、对质量或数量纠纷引起的索赔、欺诈情形。还有一部分是信用交易合约中涉及货物的测试、调试、寄售情况。而且出口商需要注意的是，居民出口商如果在上一年度的年度货物出口总额超过了两亿五千万等值林吉特，居民出口商需要按季度向马来西亚国家银行提交相应的报告。马来西亚国家银行对于扣减、抵销、核销三种减少外汇收入的情况都做了详细的规范，以扣减为例，只有在买家清算、索赔、行政机关差错、代理商的广告费用、运费、保险、卖家给予折扣等条件下才可以进行扣减，否则都需全额收回出口收益。

三、新冠肺炎疫情下的外汇自由化政策

随着新冠肺炎疫情的持续，马来西亚国家银行也针对疫情问题，调整部分外汇管理规定，进一步推动更进步的外汇自由化政策。马来西亚国家银行于2021年3月31日发布《外汇政策自由化》政策。该政策为商业行为提供更大的灵活度，同时也会有效提升马来西亚在全球供应链中的商业地位，持续吸引外国直接投资进入马来西亚，缓和疫情给商业发展带来的负面影响。在疫情影响下，这些金融政策将会为出口导向的工业企业带来更多的灵活度，帮助本国的经济复苏。

《外汇政策自由化》包含五项宽松政策，这些政策是为支持疫情下实体经济复苏所制定，主要针对实体制造业、进出口服务等商业活动。例如，《外汇政策自由化》第一项是删除出口转换规则。现在国内出口商可以根据他们对外汇现金流的需求进行出口收益的转换。第二项是当交易对手的商业活动涉及全球供应链时，国内出口商可以使用外汇与之进行国内贸易。所谓全球供应链是指国内进口商购买进口货物或服务后，这些货物或服务将用于国内出口商的出口商品生产或服务提供的商业活动。这种类型的商业活动可以是国内出口商和国内进口商之间的商业活动，也可以是两者通过国内中介服务商进行的商业活动。第三项政策是如果在遇到例外情形时，国内出口商可以延长出口收益汇回的时间至6个月以上。例外情形被认定为出口商无法控制的资金回笼的拖延，包括买家出现支付困难的情况。第四项政策是国内出口商可以将出口收益与其外币应付款抵销。最后一项政策是国内公司可以直接与非居民交易对手进行商品衍生品的对冲交易。总之，马来西亚国家银行推出的新政将大大降低进口商、出口商在货币兑换时所面临的汇兑风险，在全球疫情危机中，有利于维持稳定生产，稳固马来西亚制造商在全球供应链中的市场地位。

第三节　境外直接投资的外汇管理

一、中国与马来西亚之间双边、多边条约中关于外汇的相关约定

中国与马来西亚均为国际货币基金组织成员国，根据《国际货币基金组织协议》第四条、第六条的约定，成员国可在适当考虑自身国情，制定能实现经济增长且避免操纵汇率或国际货币制度取得对其他成员国不公平的竞争优势等情况的稳定货币制度，并将本国汇兑安排通知基金组织。目前两国均采用浮动汇率制度，虽然本国中央银行会发布参考汇率，但汇率总体随外汇市场供求关系变化而自由上下浮动，各经营外汇业务金融机构以市场牌价的均价或直接以市场价进行外汇兑换。同时，作为成员国，双方还需遵守避免限制经常性支付、避免采取歧视性货币等义务。目前中马两国在经常性支付方面均达到自由兑换条件。

2022年1月1日《区域全面经济伙伴关系协定》（RCEP）生效，中国与马来西亚都已签署该协定。RCEP协定文本第八章（服务贸易）以及第十章（投资）均约定与外汇相关的规则。以投资部分为例，RCEP约定国民待遇、最惠国待遇、投资待遇、禁止业绩要求以及高级管理人员和董事会成员具有特定国籍的要求。在第十章第八条“保留和不符措施”条款中对上述优惠措施有一定限制，中国与马来西亚都出具《投资保留及不符措

施承诺表》(即负面清单)。我国目前在投资领域仍在一定程度上限制国民待遇，即《投资保留及不符措施承诺表》第11项，要求外国投资者在中国境内投资应当依据有关规定办理外汇登记，并且遵守外汇管理规定，包括账户开立、资金转账和结算、资金收付以及跨境证券投资额度等规定，需遵守《中华人民共和国外汇管理条例》(2008年)第十六条以及第二十三条、《国家外汇管理局关于改革和规范资本项目结汇管理政策的通知》(2016年)。

马来西亚方面，其出具的《投资保留及不符措施承诺表》第17项、第18项均涉及外汇管理。马来西亚在服务贸易和投资领域，保留对林吉特非国际化的相关管理措施，具体包括国际结算需使用外币、限制非居民在马来西亚境外使用林吉特融资、限制非居民使用林吉特。另外，在服务贸易方面，居民从国外金融服务供应商购买金融服务，也需要遵守《外汇管理公告》的要求、限制和条件。

二、境外直接投资的主体选择：机构与个人

境外直接投资是指中华人民共和国境内机构或个人经境外直接投资主管部门核准，通过设立(独资、合资、合作)、并购、参股等方式在境外设立或取得既有企业或项目所有权、控制权或经营管理权等权益的行为。

根据我国《境外投资管理办法》(商务部令2014年第3号)、《企业境外投资管理办法》(国家发展和改革委员会令11号)规定，境外投资主体是指在中华人民共和国境内依法设立的企业。

按照《国家外汇管理局关于境内居民通过特殊目的公司境外投融资及返程投资外汇管理有关问题的通知》(汇发〔2014〕37号)规定，境内居民(包含境内机构和境内居民个人)可以通过特殊目的公司进行境外投融资。境内居民可以投融资为目的，以其合法持有的境内企业资产或权益，或者以其合法持有的境外资产或权益，在境外直接设立或间接控制特殊目的公司。且该公司的设立是为了使境内居民直接或间接通过特殊目的公司

对境内开展直接投资活动，即通过新设、并购等方式在境内设立外商投资企业或项目，并取得所有权、控制权或经营管理等权益，也即所谓返程投资。这种架构的目标是为取得海外股权或债权融资以投资中国境内，事实上是另一种引进境外资金投资国内的方式。该方式也允许境内居民个人参与，除此以外，境内居民个人不能进行境外直接投资。

三、境内投资者境外直接投资的外汇操作

根据《资本项目外汇业务指引（2020年版）》的相关规定，我国法律法规要求开展境外投资的公司或个人，首先需要进行资本项目信息登记，它是后续资本项目外汇业务开展的前提条件。有需要的公司或个人应向所在地银行或国家外汇管理局及分支机构办理相关资本项目外汇登记手续，领取业务登记凭证，作为办理资本项目下账户开立和资金汇兑等后续业务的凭证。其次，资本项目相关业务也需要以真实性为基础，申请人需要承担申请事项真实、合法的责任，主要是以申请人提交的资料为审核依据。

（一）前期费用汇出和汇回

公司或个人完成资本项目信息登记后，银行就可以通过信息系统了解申请人的登记信息和额度控制等信息，并依此办理相关业务。在公司或个人汇出资本金之前，为方便这些主体在境外设立投资主体的运营，国家外汇管理局特别对境内机构境外直接投资前期费用登记、汇出及汇回进行专门规定。境内机构需要提供资金来源证明、资金使用计划和企业有关权力机关关于境外投资相关决议等真实性证明材料办理前期费用登记，并且以境外购买办公用房合同或协议为境外非独立核算机构购买办公用房也可办理前期费用登记。银行可以根据这些材料办理汇出。根据国家外汇管理局的规定，前期费用累计汇出总额原则上不超过300万美元且不超过中方拟投资总额的15%，这项费用会列入境外直接投资总额。除了符合国家外汇管理局的要求外，银行如在此基础上还有其他业务审核要求，申请人也应当符合才能完成资金汇出。

国家外汇管理局同时要求，境内机构在汇出前期费用之日起6个月内仍未设立境外投资项目或购买境外办公用房的，应向所在地银行报告前期费用使用情况并将剩余资金退回，银行可办理资金汇回业务。如有客观原因可向银行申请资金汇回延期，但最长不超过12个月。

（二）境内机构境外直接投资登记、变更及注销登记

在申请登记时，除了填写申请表、提供营业执照、境外投资资金来源证明、资金使用计划、企业有关权力机关关于境外投资的相关决议等资料外，申请企业最重要的是需要提供境外投资相关主管部门对境外投资事项的批准、备案文件或无异议材料。我国目前对大部分境外投资仍需取得主管部门的审核，如商务部或地方商务部门的核准或备案。

变更登记主要是视具体变更事项提供材料，包括资金使用计划、新增境内投资者、企业减资、转股等多种情况，需要注意的是部分情况需要主管机关的重新审批。

如境内机构决定撤回投资，还可在完成清算审计后进行外汇注销登记。只有在境内机构最终未能实际对外出资、境外投资企业没有实际经营且无清算所得的才无须提供清算审计资料。

（三）境外直接投资存量权益登记（年度）

境外投资企业的境内投资主体每年都应当自行或委托会计师事务所、银行通过资金项目信息系统向国家外汇管理局发送《境外直接投资中方权益统计表》，由国家外汇管理局抽查对外投资的情况。

（四）境内居民个人特殊目的公司外汇（补）登记及变更、注销登记

境内居民个人特殊目的公司是以融资为目的的，因此，银行在对外汇账户登记审查时，主要审查境内居民身份和是否符合融资目的。首先，对于居民身份主要是指其持有中国境内居民身份证、军人身份证等，包括持港澳居民来往内地通行证的港澳同胞等无中国境内合法身份证件，但因经济利益关系在中国境内习惯性居住的境外个人。其次，境内个人未对特殊目的公司出资，且存在合法返程投资架构或潜在返程投资架构的，可直接到户籍或境内主要资产所在地银行办理特殊目的公司登记手续，如有特殊情况需再细分处理。如登记需变更、注销则需书面申请，并提供相应证明事项真实性的文件即可。

（五）境内机构境外直接投资资金汇出与利润汇回

完成上述投资登记后，经申请人申请，银行可以依据资本项目信息系统登记的可汇出资金额度将资金汇出，并且收款人等信息要与资本项目信息系统登记一致。在境外企业运营产生利润且申请人已按要求完成境外直接投资存量权益登记后，汇回利润可以保留在企业经常项目外汇账户中或直接结汇。

四、境外直接投资项下资金在马来西亚的汇入及利润汇回

根据马来西亚国家银行颁布的《外汇管理公告》规定，如果投资的外汇基金来源于马来西亚境外且并非货物贸易收益，或来源于直接用于海外投资的境内持证银行提供的外汇借款，则投资无上限。并且马来西亚只要满足林吉特转换为外汇，并以外汇形式汇回利润，对于利润汇回也没有其他限制。

五、中国企业在马投资所得常见处理方式——汇回利润与再投资

上述马来西亚外汇政策分析显示，从外汇角度汇回利润与再投资并没有显著差异。虽然马来西亚的外汇政策关于出口收入方面有较严格的规定，即出口收入原则上必须在出口之日起6个月内全部汇回马来西亚，但马来西亚对利润汇回并没有过多限制，只是必须以外汇形式汇回利润会面临一定的汇率风险。因此，汇回利润的时间需要考虑外汇兑换成本，而在马来西亚境内再投资则无须考虑兑换成本。

第四节　中马货币清算及人民币业务综合服务

一、跨境贸易人民币结算与境外直接投资人民币结算介绍

目前，我国对外贸易绝大部分使用美元、日元等可自由兑换外币结算。其中美元是最主要的结算货币，其次是日元、欧元、英镑和港币等。2009年7月，我国启动跨境贸易人民币结算试点，即国家允许指定的、有条件的企业在自愿的基础上以人民币进行跨境贸易的结算，支持银行为企业提供跨境贸易人民币结算服务。2011年8月，试点扩大至全国，且业务范围涵盖货物贸易、服务贸易和其他经常项目结算。2011年8月19日，为配合跨境贸易人民币结算试点，便利银行业金融机构和境内机构开展境外直接投资人民币结算业务，中国人民银行制定了《境外直接投资人民币结算试点管理办法》。凡获准开展境外直接投资的境内企业均可以人民币进行境外直接投资，银行可依据境外直接投资主管部门的核准证书或文件直接为企业办理人民币结算业务。2020年，人民币跨境收付金额高达28.4万亿元，其中，人民币跨境收入占比49.6%，跨境支出占比50.4%，跨境收支较为平衡。

2014年，马来西亚也正式纳入人民币结算试点范围。中国人民银行与马来西亚国家银行签署在吉隆坡建立人民币清算安排的合作备忘录，双方

确定吉隆坡人民币业务清算行，此后两国贸易及投资交易可直接通过两国货币兑换，无须通过兑换成美元再进行结算，减少兑换美元的环节及相关的汇率风险。

二、试点企业名单以及人民币国际结算业务类型

（一）试点企业名单

企业如采用跨境人民币结算，需要相关部门的审核。首先，跨境人民币结算试点企业由试点地区的省级人民政府负责协调当地有关部门推荐，由中国人民银行会同财政部、商务部、海关总署、税务总局、银保监会等有关部门进行审核，最终确定试点企业名单。企业具有试点资格后才能去银行办理相关业务，且需遵守跨境贸易人民币结算的各项规定。试点企业违反国家有关规定的，依法处罚，取消其试点资格。

（二）人民币国际结算业务类型

以中国银行为例，目前已开展的人民币国际结算业务包括人民币活期存款业务、人民币定期存款业务、人民币电汇业务、人民币现钞兑换业务、人民币贸易结算业务、人民币贷款业务、人民币资金业务（即期外汇买卖、远期外汇买卖）。

在重要的贸易结算业务方面，目前人民币信用证、人民币保函和人民币托管业务都已经能够在中马之间实施人民币清算。在对外投资方面，中马之间人民币贷款业务已能完成内保外贷，即根据企业跨境发展的需求，为企业境内外分支机构提供的，由境内银行提供担保、境外银行放款的整体性融资方案。此举极大促进我国境内企业进行对外投资的便利，也进一步加强我国与马来西亚在投资领域的深入合作。

案　例：虚构外汇项目受处罚

在我国，经常项目能够完全兑换，但有一个重要要求，即交易的真实性要求。由于资本项目受限较多，部分公司违规通过经常项目向境外转移资金，破坏金融秩序，存在资本外流的风险。

案例一：虚构、拆分服务项目，以转移资本至境外

2017年2月至2019年6月，中国A公司向海外某国B公司和C公司支付展销服务费40笔，合计100万美元。单笔金额均低于5万美元，且个别月份支付多笔款项给同一境外收款人，涉嫌分拆付汇以规避提供税务备案凭证。国家外汇管理局调查后，发现展销服务需求不合理，且A公司及境外收款人均不能提供相应的服务方案、执行过程文件及财务凭证，已提供的会计凭证也无法和业务对应，实为以虚构的经常项目服务贸易向境外支付外汇。A公司此行为违反《国家外汇管理局关于印发服务贸易外汇管理法规的通知》（汇发〔2013〕30号）附件《服务贸易外汇管理指引》第八条的规定："境内机构和境内个人办理服务贸易外汇收支，应按规定提交能证明交易真实合法的交易单证；提交的交易单证无法证明交易真实合法或与其申请办的外汇收支不一致的，金融机构应要求其补充其他交易单证。”根据《中华人民共和国外汇管理条例》第四十八条的规定，国家外汇管理局对A公司处以罚款25万元。

案例二：企业大额资本项目借道经常项目流出

A公司于2019年10月发生多笔大额国际赔偿付汇，累计金额达到2亿美元。银行在接受付汇业务时，存在审查方面的疏忽，只让A公司提供交易涉及的合同，并没有要求提供包含赔偿条款、仲裁协议或法院裁判文书等相关资料，以确认国际赔偿交易真实性，导致银行错误支付外汇至境外。后国家外汇管理局进行业务审查时，发现该业务差错，并进行调查。国家外汇管理局发现A公司向境外转移资金的真实原因是其境外子公司向境外银行申请贷款的过程中，境内银行为其提供担保，并要求境外子公司的境内母公司（即违规的A公司）为其境外子公司的担保人提供反担保。借款到期后，因境外子公司无力偿还借款，而由母公司偿还其贷款本息，而非通过境内银行代偿后，母公司再作为反担保人偿还代偿款。综上，内保外贷属于资本项目，银行及A公司应按照相关规定对内保外贷进行登记和注销，但该公司虚构经常项目下的国际赔偿业务，违法取得外汇用于偿还境外贷款。故此，国家外汇管理局依《中华人民共和国外汇管理条例》对A公司罚款8万元人民币。

第六章
税务筹划的方略

怎样到RCEP成员国投资

马来西亚篇

所谓税务筹划，又称为合法避税，即纳税人在依法纳税的前提下，利用税法漏洞或缺陷，采用税法允许的方法进行适当的财务安排，以达到减轻或解除税负、降低成本、提高经济效益的一种节税行为。税务筹划具有方案合法性、事先规划性、节税目的性和税种关联综合性等特征。了解马来西亚当地的税收制度和税收优惠政策、对具体项目进行合法合理的税务筹划，对于赴马投资的中国企业和个人降低税务成本、提升利润空间有着十分重要的意义。其一，有助于投资者在合法的范围内节税，降低成本，实现利润最大化。其二，有助于投资者降低税收法律风险。通过事前对投资者财税情况的收集和分析以及依据法律法规对投资行为进行合法合规的税务筹划，一方面能避免投资者“偷、欠、骗、抗”税等税款违纪行为的产生，帮助投资者免受税务惩罚；另一方面也有利于提升投资者的纳税观念，建立诚实守信的纳税意识。其三，有助于帮助投资者进行产业布局，提升企业竞争力。通过研究分析马来西亚的财务税收制度以及优惠政策并做出税务计划，一方面能引导投资者把握政策导向，调整和优化企业的布局和未来发展方向；另一方面能借此提升企业员工的财税管理能力，帮助企业从内部优化资金流、减少资金损耗，从而提升企业的整体竞争力。

第一节　马来西亚税务知识简说

一、税制及税收管理

（一）税制概况

马来西亚税收制度的萌芽可以追溯到1910年。1910年以前，马来西亚的税种以间接税为主，包括进出口税、货物税等。1910年后，直接税中的所得税才开始引进马来西亚半岛。《1947年马来西亚所得税条例》的颁布标志着其现代所得税制度的形成。马来西亚联邦成立后，重新颁布的《1967年马来西亚所得税法》取代了此前的所得税条例，并在马来西亚联邦，包括马来西亚半岛地区、砂拉越州和沙巴州得到统一适用。在20世纪60年代以前，马来西亚中央政府的收入来源主要是间接税，60年代统一的所得税法颁布后，直接税在税收收入中所占的比重日益提高，与间接税并驾齐驱（占税收收入的50%以上），成为马来西亚的主要税种。

马来西亚由3个联邦直辖区和13个州组成。马来西亚实行中央政府一级征税制度，由中央政府集中行使税收立法权和征收权。从税制结构上看，马来西亚和中国及其他东盟国家一样，都采用复合税制，即存在多种种类的税种，通过多税种的互相配合和相辅相成组成一个完整的国家税收体系制度。其税收种类总体可以分为直接税和间接税。直接税以个人所得税和公司所得税为主，还包括不动产盈余税、石油所得税、土地税等；间接税则主要包括增值税、消费税、印花税、关税等。近几年，马来西亚税制的重大变化主要表现是2015年4月1日起，马来西亚开始实施消费税（GST），取代了之前的销售税及服务税（SST）。但是，2018年9月1日马来西亚政府又废除了消费税（GST），重新引进销售税与服务税（SST 2.0）。销售税是对各种商品征收的消费税，服务税则是向使用某些应课税服务的人士征收。特殊指定区域如兰卡威、刁曼和纳闽免征服务税。

（二）税收管理概况

马来西亚税收立法主要有《1949年马来西亚印花税法》《1967年马来西亚所得税法》《1967年马来西亚石油所得税法》《1967年马来西亚关税法》《1972年马来西亚销售税法》《1976年马来西亚国内税法》《1990年马来西亚纳闽岛商业活动税法》《2018年马来西亚销售税法》《2018年马来西亚服务税法》等。《1986年马来西亚投资促进法》则对税收鼓励措施做了详细规定。

马来西亚联邦政府和各州政府实行分税制，又称为分税制财政管理体制，即联邦政府与各州政府之间，根据各自的事权范围划分税源，并以此为基础确定各自的税收权限、税制体系、税务机构和协调财政收入关系。马来西亚全国税收事务由联邦政府财政部统一管理。联邦政府财政部负责制定全国的税收政策，并由其下属内陆税收局和皇家关税局负责具体管理和实施。内陆税收局主要负责征收直接税，皇家关税局主要负责征收间接税。各州不设立专门的地方税务局。根据征收的税种，由具体部门开展相关征收工作，例如：州矿务局负责征收土地税、矿产税，州森林局负责征收森林税。州政府财政部门给予政策上的指导。

二、主要税种

（一）所得税

马来西亚所得税可以分为企业所得税和个人所得税。

1.企业所得税。

企业所得税受《1967年马来西亚所得税法》约束。以企业实际管理机构是否在马来西亚为标准，可将纳税人分为居民纳税人和非居民纳税人。如果企业在马来西亚实施其业务的控制及管理，该企业即被视为居民纳税人。居民纳税人须承担无限纳税义务，即马来西亚居民企业要就其全球收入向马来西亚政府交税。非居民企业则承担有限纳税义务，仅就来源于马来西亚的所得承担纳税义务。对于非居民企业实行预提税制度。

应纳税所得则大致可分为4种：（1）投资所得：股息、利息所得；（2）经营所得；（3）资产所得：特许权使用费、租赁费、佣金所得；（4）其他利得和收益所得。一般而言，在马来西亚经营的企业的一切收入均应缴税。但是，居民企业和非居民企业汇入马来西亚的款项得以免税（银行、保险、海运及空运公司除外）。马来西亚2014年财政预算案把马来西亚企业所得税从25%降到24%。2016年以来，马来西亚政府一直都在对居民企业所得税进行微调，其中逐步下调对于实收资本在250万林吉特以内（含250万林吉特）的本地企业的第一个50万林吉特收入部分的税率。

2.个人所得税。

马来西亚个人所得税同样受《1967年马来西亚所得税法》及相关修正案约束。以居住时间和居住地点为标准，马来西亚把个人纳税人分为居民纳税人[①]和非居民纳税人，分别承担无限纳税义务和有限纳税义务。居民在马来西亚取得的收入和自马来西亚境外汇入国内的收入以及非居民在马来西亚工作期间取得的收入均应向马来西亚政府缴纳个人所得税。马来西亚个人所得税采用综合所得税税制和超额累进税率计缴，以居民纳税人境

① 按照居留时间，符合以下条件之一的属于居民纳税人：（1）在一个纳税年度（公历年，下同）中在马来西亚连续居住至少182天；（2）在一个纳税年度中在马来西亚连续居住不足182天，但与相邻纳税年度连续居住之和至少182天；（3）在四个纳税年度中有三个纳税年度居住不少于90天；（4）在该纳税年度的前三年是居民纳税人的。

内外收入总和在扣除家庭负担和基本生活费用以及限额减除用于教育、医疗、公益捐赠等费用后剩余的收入总额作为计征个人所得税的基础。居民个人所得税累进税率是0～28%。一般而言，居民纳税人最高税率为25%，对符合相关规定的，可予以减免。在享有税收抵免优惠之后，居民个人所得税税率可降低至5%～8%。2016年起，马来西亚政府提高了高收入人员的个人所得税，在原基础上增加两档税率：应税收入在600001～1000000林吉特的，适用税率为26%；超1000000林吉特的，适用税率为28%[①]。相较于居民个人所得税，非居民个人所得税税率差异较大，税率为28%。除对在马来西亚短期逗留、在马来西亚工作不满60天等情况下的非居民取得的收入可予免税外，非居民的其他收入不享有减免优惠。

（二）预提税

非居民企业仅就来源于马来西亚的所得缴税，采用预提税（又称为预扣税）制度。在马来西亚，预提税一般是指非居民企业就其取得的来源于马来西亚境内的利润、利息、租金、特许权使用费和其他所得所缴纳的一定比例的所得税，由马来西亚付款人直接向马来西亚内陆税收局（IRBM）代扣代缴。预提税税率针对不同的收入款项类型采用固定税率，幅度在10%至15%，但是特定款项的预提税税率会因为双边税收抵免协定的规定而有所降低。依照《1967年马来西亚所得税法》及相关双重税收协议（DTA）的规定，非居民企业来源于马来西亚的利息的预提税税率为15%（中马协定税率为10%），但是非居民企业为马来西亚中央政府、州政府、地方当局或法定实体提供信贷收取的利息不征预提税；特殊所得，包括版权或专利权使用费、动产租金收益、提供厂房及机械安装服务收益等的预提税税率为10%；依照合同获得承包费用，承包商缴纳10%预提税、雇员缴纳3%预提税；佣金、担保费、介绍费的预提税税率为10%。

---

① 国家税务总局：《马来西亚提高高收入者个人所得税》，http://www.chinatax.gov.cn/n810219/n810744/n1671176/n1671196/c2003889/content.html。

（三）印花税

马来西亚印花税的征收受《1949年印花税法令》的约束。印花税主要是针对某些种类的文件、票据或合同征收的税种。印花税的纳税义务人包括：协议或协议备忘录首次执行文书的人；收费或抵押扣押人，抵押人或债务人；证券债务人或其他提供担保的人；合同注明购买或销售账户的人；合同首次执行文书的人；输送受让人或承让人；交换平等股份的各方；取回受让人或承让人或赎回担保的人；租赁或租赁协议承租人和出租人。马来西亚依据票据及文件的种类以及所涉及的交易额采用定额税项和从价税率来征收印花税。例如房地产交易或转让，其交易金额首次达到10万林吉特的，征收1%的印花税；10万至50万林吉特部分，征收2%的印花税；超过50万林吉特部分，征收3%的印花税。对于可转让的股票、股份或有价证券，印花税税率为0.3%。某些票据，如提货单和版权专利商标等权益转让的票据，免征印花税。

（四）销售税与服务税

马来西亚在1972年就已经开始实施销售税，随后从1975年开始实施服务税。这个税制运行了40年。在2015年4月1日，马来西亚发布实施消费税（GST）来取代销售税与服务税（SST）。GST属于增值税，针对马来西亚境内提供服务、销售货物、进口货物和服务的企业和个人（无论是否以盈利为目的），覆盖范围广泛。GST的标准税率为6%，此外还有零税率和免税项目。但是GST的效果并不理想，因此，新政府上台之后马来西亚从2018年9月1日起又取消消费税（GST），重新回归销售税和服务税（SST 2.0）。

1.销售税。

销售税征税对象主要是针对进口商和制造商，适用于在马来西亚销售当地制造的应税商品以及进口到马来西亚的应税商品，对出口的制成品不征收。除非在规定下获得销售税豁免，商品几乎都属于销售税的应税范围。根据《2018年马来西亚销售税法》的规定，应税商品的销售税税率为

5%或10%，采取从价征税。某些石油产品需按特定税率缴纳销售税。对马来西亚制造的应税商品，销售税注册门槛为年营业额达50万林吉特。销售税是单层税收制度。这意味着它只会在供应链的一个阶段，即进口商或制造商的层级上征收。为了保持单层税收原则，制造商在马来西亚生产应税货物可申请豁免在原材料及其他投入中支付的销售税，即为生产该应税产品而购买的原材料、包装品、零部件等投入品所含的销售税可从该应税产品的销售税中予以扣除。

2.服务税。

马来西亚服务税适用于在马来西亚经营业务的纳税人提供的应税服务，同时也适用于进口的应税服务，主要面向消费者征收。《2018年马来西亚服务税法》确定服务税的普通税率为6%（除对提供信用或充值卡的特定应税服务采用特别税率外）。通常情况下，服务税的注册门槛为经营应税服务的年营业额达到50万林吉特，但也存在特别规定。例如：经营餐厅的服务税注册门槛为150万林吉特，对于信用卡或签账卡服务提供者无营业额要求。服务税也属于单层税收制度，由服务提供者一次性征收，并没有可用于服务税的进项税机制。

三、优惠政策

（一）马来西亚当地税收减免优惠政策

马来西亚对于外国投资的鼓励和优惠措施主要通过税收减免的方式体现，具体分为直接税收激励和间接税收激励。前者是指对一定时期的所得税直接进行全部或部分免除；后者主要是以免除部分税种，例如免除进口税等形式体现。现行的主要税收优惠包括但不限于以下几个方面：

1.新兴工业地位措施，即鼓励国内投资与资本性投资的措施：新兴企业（包括制造业、农业、饭店、旅游及其他产业）投产5年内，70%的法定所得免纳所得税；对从事资本密集型和高技术投资的企业可以按照逐案审查原则给予全部免税，免税期设定在最初5年；其他免税项目包括纳入国家重点战略的森林种植计划、多媒体高级通道以及电子芯片的生产等。

2.投资税收减免：包括投资税务补贴、再投资补贴、加速资本补贴等。具体表现有：对再投资生产重型机械和普通机械、设备的公司给予再投资优惠，再投资减免额为5年内进行再投资所产生增量收入的70%；对利用椰油生物资源和再投资生产附加值产品的企业，其利润给予全额免税优惠，优惠期10年；对从事产业扩张计划、产业现代化、自动化以及制造工艺多样化的企业，给予再投资扣除的优惠，再投资扣除额为在15年内发生的用于上述目的的机械设备、厂房的资本性支出的60%。

3.促进出口的优惠措施和技术与职业培训的扣除：对制造业、农业、饭店、旅游以及服务部门为促进产品出口而产生的费用，采取双倍扣除等优惠措施；对经批准的培训雇员项目发生的费用允许双倍扣除；培训费用双倍扣除的规定同样适用于中小型制造业公司。

4.其他优惠措施：包括农业补贴、行业鼓励政策、地区鼓励政策等①。

（二）中国和马来西亚间税收减让政策

中马两国间的税收优惠主要通过双方签署的双边、多边和区域贸易协定来实现。

1.马来西亚于1957年加入《关税和贸易总协定》，是世界贸易组织（WTO）的创始成员。中国和马来西亚都同为世界贸易组织的成员，都要享受承担WTO"一揽子"框架协议项下的权利和义务。1985年11月23日，中马双方签署了《中华人民共和国政府和马来西亚政府关于对所得避免双重征税和防止偷漏税的协定》，协定于1987年1月1日起正式生效。

2.马来西亚是东南亚国家联盟（东盟，ASEAN，1967年8月8日成立）的创始成员，2002年起东盟国家开始启动自由贸易区建设，在区域内部实现贸易零关税。2002年，中国与东盟签订《全面经济合作框架协议》，标

---

① 以上优惠政策均参考中国国际贸易促进委员会《企业对外投资国别（地区）营商环境指南——马来西亚》(2020)、商务部《对外投资合作国别（地区）指南——马来西亚》(2020)、国家税务总局《中国居民赴马来西亚投资税收指南》(2017)。

志着中国—东盟自贸区建设的正式启动。此后双方先后签订了货物贸易协议、争端解决机制协议、服务贸易协议、投资协议。2010年，中国—东盟自贸区正式建成。中国和马来西亚之间的经贸往来及投资活动都要受到这些条约协定的约束。

3.2012年11月，在第21届东盟峰会上，东盟10国及其6个对话伙伴国（中国、日本、韩国、澳大利亚、新西兰、印度）宣布区域全面经济伙伴关系协定（RCEP）谈判开始。历时8年，2020年11月15日，第四次RCEP领导人会议以视频方式举行，会后包括马来西亚在内的东盟10国和中国、日本、韩国、澳大利亚、新西兰共15个亚太国家正式签署了《区域全面经济伙伴关系协定》。RCEP已于2022年1月1日生效。RCEP协定文本共有20章，其中设置有专门的投资章节，具体明确了区域内投资准入、市场开放、优惠待遇等权利和义务。这必然会对中马间的相互投资起到重大的影响和促进作用。

第二节　赴马来西亚直接投资税务筹划需考量的因素

一、投资地点选择

这涉及两个方面，一是中国境外投资地点的选择，二是马来西亚境内投资地点的选择。

（一）中国境外投资地点的选择

本章所指的直接投资是指伴随着控制权、经营权和管理权的投资，常见的形式即设立公司等商业实体。虽然直接投资目的地国是马来西亚，但是中国投资者可以选择直接以中国投资者的身份赴马来西亚投资，也可以考虑通过税务筹划以第三国或地区投资者身份转赴马来西亚进行直接投资。这里就涉及中国境外投资地点的选择，即是否通过第三国或地区向马来西亚进行转投资的问题。投资者在进行具体项目筹划跨国经营时，除了需要考量原材料供应、基础设施、金融环境、劳动力供应和技术等常规因素以外，还特别要考量不同国家与地区的税制差异。企业“走出去”其实就是要利用外部资源，外部资源成本是否低廉和便利是企业在对外投资筹划时必须要考虑的重要因素之一。尤其是不同国家和地区间的税收政策会有较大的差异，而且各国家和地区的税收优惠政策也大有不同，比如税收抵免、差别税率、加速折旧、亏损结转等。中国的跨国投资企业如果能选择有较多税收优惠的国家和地区进行投资，那么必能为企业带来较高的投资回报，使企业长期获利，进而提高其国际市场竞争力。基于投资者最终目的是选择税负水平低的国家和地区进行投资，因此从税收角度出发在进行中国境外投资地点选择时，跨国投资者往往会考虑以下几种情况：

1.选择与母国（母公司所在国）签订有国际税收协定的国家和地区。

在跨国投资中，投资者还会遇到国际双重征税（又称国际重复征税）问题。法律意义上的国际双重征税根据经济合作与发展组织（OECD）税收协定范本所给的注释，是指两个或两个以上的国家对同一纳税人就同一征税对象，在同一时期内课征相同类型的税收。国际双重征税会增加投资者成本，也必然会打击投资者信心。因此，规避国际双重征税是我国跨国投资者在选择投资地点时必须加以考虑的因素。为了避免国际双重征税，国家与国家之间普遍都签订了双边税收协定。根据协定，缔约国双方的居民和非居民均可以享受到许多关于境外缴纳税款扣除或抵免等税收优惠政策。

目前，我国已与63个国家签订了避免双重征税协定。而世界上，国与国之间签订的双边全面性税收条约已有1000多个。其中，中国和马来西亚就已经于1987年签订了《中华人民共和国政府和马来西亚政府关于对所得避免双重征税和防止偷漏税的协定》。这也是两国推动和保护双边投资的重要举措和法律文件。因此，中国投资者可以考虑无须通过第三国或地区（国际避税地、低税率国家等）直接对马来西亚进行投资。

2.选择国际避税地、低税率国家和地区进行投资。

避税地又称为避税港，一般是指实行低税制模式、常被人们借以进行国际避税活动的国家和地区。主要有以下四种类型：

（1）纯国际避税地，即没有公司所得税、个人所得税、净财产税、遗产税和赠与税的国家和地区，如瑙鲁、巴哈马、开曼群岛、百慕大群岛等。

（2）征收所得税，但税率较低的国家和地区，如列支敦士登、瑞士、海峡群岛等。

（3）所得税课征只行使地域管辖权，完全放弃居民管辖权，即对来源于境外的所得或一般财产等一律免税的国家和地区，如塞浦路斯、巴拿马、中国香港等。

（4）实行正常课税，但与其他国家签订有大量税收协定、在税制中规定了便利外国投资者的特别优惠政策（主要是预提税方面的优惠）的国家和地区，如卢森堡、荷兰等。

显然，跨国纳税人如果选择在这些避税地投资建立基地公司，无疑可以获得免税或低税的好处，并达到国际税务筹划的目的。较典型的是借道在低税率的避税地建立总部公司作为母公司和子公司或子公司之间的中转销售机构，间接向投资目的国或地区进行投资。通过设在避税地的总部公司中转，整个公司将利润体现在免税或低税的避税地，从而达到总体税负减轻的目的。但是值得注意的是，随着海外投资的日渐增多，“走出去”的企业也需要多加关注和重视投资目的地国或地区的反避税政策，以及防范来自母国的反避税调查风险。

3. 选择设立国际投资公司、国际控股公司、国际金融公司、国际信托公司、受控保险公司等。

跨国公司往往通过在缔约国、低税国或避税地设立此类公司，可以较容易地把利润转移到免税或低税地或者获得少缴预提税方面的利益。而且还可以通过暂不汇回子公司税后所得为母公司获得延期纳税的时间，此外还可以较容易地筹集资本、调整子公司的财务状况，如用一国子公司的利润冲抵另一国子公司的亏损。例如，荷兰长期以来对股息、利息、特许权使用费只要满足相关规定就不收任何预提税以及在满足参股豁免条件下股息收入资本利得免除企业所得税。这些优惠政策为企业在荷兰设立控股公司进行税务成本优化提供了极大的便利，因此吸引了大量跨国企业纷至沓来。

（二）马来西亚境内投资地点的选择

如果中国投资者选择到马来西亚进行项目投资，在马来西亚境内选择投资地点时，主要需要考虑马来西亚政府制定的不同地区税负差别化的税收政策和税收优惠待遇。在其他条件相同的情况下，一般考虑在税负低的地区设立企业。

例如，马来西亚给予特定投资地区较大力度的税收优惠，值得一提的是“五大经济特区”。近年来，马来西亚政府鼓励外资政策力度逐步加大，为平衡区域发展，陆续推出五大经济发展走廊（包括马来西亚依斯干达、北部走廊经济区、东海岸经济区、沙巴发展走廊、砂拉越再生能源走廊），基本涵盖了西马来西亚大部分区域以及东马来西亚的两个州。凡投资该地区的公司，均可申请5～10年免缴所得税，或5年内合格资本支出全额补贴。根据具体区域实际情况，马来西亚联邦政府制定了不同的重点发展行业。

再如，为了吸引外商投资，马来西亚全线启动“大吉隆坡”计划。大吉隆坡/巴生河谷地区是经济转型计划（ETP）中提出的国家关键经济领域（NKEAs）之一。它位于吉隆坡—巴生河谷流域，占地面积约2800平方公里，涵盖了吉隆坡附近10个城市。它参考了大伦敦和大多伦多地区的概念，计划从人民收入、基础设施和居住环境三方面着手，将吉隆坡打造成为世界前二十大适合居住的国际大都市之一。以“大吉隆坡”计划八大工程之一的“敦拉萨国际贸易中心计划”为例，为鼓励国际金融机构到吉隆坡投资，在敦拉萨国际贸易中心营运的国际金融机构将获免税10年，其他奖励还包括工业建筑津贴（IBA）、加速资本递减、豁免印花税以及房地产发展商可获免税等。

此外还有马中关丹产业园区。它是中国在马来西亚设立的第一个国家级产业园区。马中关丹产业园入园项目可享受马来西亚东海岸经济特区现有的所有奖励配套，有关条件经过审批后还可享受园区特有优惠政策。目前制定的相关优惠政策：（1）进口原料、零部件、机械、器材等未在当地生产但在生产活动中直接使用的物品进口税豁免。（2）15年100%企业经营所得税减免，或拥有等同于5年符合资格的资本开销的所得税豁免额。

（3）入园企业高管、高级技术工人可享受15%优惠个人所得税税率。（4）最高达2亿林吉特的基础设施辅助基金或10%基础设施建设成本补助，专用于发展基础设施建设。（5）用于发展用地建筑物转卖租借的印花税豁免①。

二、居民企业与非居民企业身份的选择

在马来西亚，根据投资地点的不同，缴纳企业所得税的企业分为居民企业和非居民企业两类。前文已经对马来西亚的企业所得税情况做了介绍。不同身份税务待遇的差异以及对居民和非居民的征税规定的不同，为税务身份提供了筹划空间。

例如，中国企业在海外发展布局的过程中，经常面对的问题是在海外设立分公司还是子公司。若该中国企业在马来西亚设立的是子公司，那么子公司则具有独立的法人人格和管理决策能力，是当地的税务居民，在当地必须就企业所得负有纳税义务并承担无限纳税义务。相较而言，如果中国企业在马来西亚设立的是分公司，那么在马来西亚的分公司是当地的非居民企业身份。如果以非居民企业身份在马来西亚运营，实际的运营地马来西亚对其行使来源地税收管辖权，即承担有限纳税义务；同时，其总公司所在地（中国）对其有居民国的税收管辖权。这可能就涉及被双重征税的问题，也就要求我们在税务筹划时要有更加立体的大局观，即处理好税务身份、税收协定、信息交换及各个要素之间的关系。

以上述案例中母公司（中国企业）在马来西亚设立子公司为例，有一种例外情况值得特别注意。当子公司向母公司分配利润时，母公司作为子公司的股东，在马来西亚的身份是非居民纳税人，此时马来西亚政府会对该母公司在马来西亚获得的股息红利征收预提税。这实际上产生了母公司

---

① 中国—马来西亚钦州产业园区管理委员会：《马中关丹产业园区总体概况》，http：//zmqzcyyq.gxzf.gov.cn/zmhz/gdygk/t3190648.shtml。

的税负成本。由此可知，如子公司不向母公司分配利润，客观上就会产生预提税递延的效果。利用居民身份实现税务递延结合实际业务的需要，各国税务机关普遍对“反避税条例”做出了相关判定标准，因此要在对其所在国相关法律的相关问题认定上，进一步进行分析规划。

此外，还有一种居民身份的筹划，即成为第三国的居民，在运营地以非居民的身份出现。这涉及复杂的架构搭建。架构搭建不仅考虑税务要素，也会考虑具体的商业模式，例如VIE架构①。

三、投资出资方式的选择

从投资方式来看，企业投资可分为间接投资和直接投资。间接投资是指对股票或债券等金融资产的投资，往往不伴随着控制权和经营权。直接投资则通常表现为投资者直接开设公司或企业从事经营活动，或者投资购买另一公司或企业相当数量的股份，从而对该公司或企业具有经营上的控制权。

从税收角度来看，直接投资涉及的税收因素较多，几乎涉及现行各个税种。直接投资形成的企业，其营销收入要征收流转税、经营成果要征收所得税，此外还会涉及财产税、行为税等。当企业选择直接投资时，还要在货币资金和非货币资金等投资方式上进行比较。企业以固定资产和无形资产对外投资时，必须进行资产评估，被投资企业可按经评估确认的价值，确定有关资产的计税成本。相反，间接投资涉及的税种较少，主要涉及股息、利息的所得税和进行证券交易的印花税。但是不同投资方式的税收因素不同，投资收益、投资风险、投资的变现能力等因素也不同。有些投资方式尽管可以少纳税，但投资收益非常差，或者投资风险非常高、投资的变现能力非常弱，也是不可取的。因此，在进行是直接投资还是间接

---

① VIE架构，全称为Variable Interest Entities，即“可变利益实体”，也称为“协议控制”。

投资的选择时，除了考虑税收因素，还要考虑投资者的偏好、投资的收益和风险等因素。

四、投资规模的选择

就企业而言，投资规模的选择也是在做投资决策时需要考虑的重要环节。投资规模并非越大越好，也并非越小越好。投资规模扩大是企业发展壮大的标志，可以带来规模经济，但是如果投资规模是不顾具体情况的过度膨胀，往往也会造成资源的浪费。通常，投资规模选择的税务筹划空间主要有两个：一是选择小规模纳税人还是一般纳税人的身份缴纳增值税；二是利用小型微利企业的税收优惠政策筹划企业所得税。

在增值税投资规模选择方面，中国和马来西亚在税种名称及规定上有一定的差别。在中国，我国税法根据会计核算水平和经营规模，将增值税纳税人分为一般纳税人和小规模纳税人，并采用不同的规定。因此，给纳税人提供了进行税务筹划的可能。纳税人可以根据自身的情况，通过小规模纳税人和一般纳税人之间的合理选择达到节税的目的。但是在马来西亚就有所不同。马来西亚2015年实行的消费税（GST）本质上是属于增值税。马来西亚消费税实行单一的标准税率，使各种类型的企业税率一致、税负一致，体现了税收的中性原则。2018年取而代之的销售和服务税与GST制度类似。因此，在马来西亚没有太多税务筹划空间。

在利用小型微利企业的税收优惠政策筹划企业所得税方面，主要是针对税法关于符合条件的小型微利企业采用特殊优惠税率征收企业所得税的政策，通过合理选择投资规模以达到节税的目的。但小型微利企业不是终身制的，是否享受小型微利企业的优惠政策，要根据当年企业的实际情况而定。在马来西亚，关于企业所得税的具体规定，如2014年财政预算案将马来西亚的公司所得税税率从25%降低到了24%：（1）实收资本在250万林吉特以内（含250万林吉特）的本地公司，第一个50万林吉特收入部分的税率为20%，之后部分收入的税率为24%。（2）实收资本在250万林吉特以上的本地公司，税率为24%。（3）外国公司的税率统一为24%。马来西亚对2016年度和2017年度公司所得税税率进行了调整，其中2016年将第一个50万林吉特收入部分的税率降至19%，2017年度降至18%。其他内容没有变化。2020年，为了进一步支持中小型企业的发展，马来西亚政府将居民公司的首应征税收入额从2019年的50万林吉特提高至60万林吉特，税率为17%，接着的应征收入的税率是24%，但该居民公司必须是在基准期开始时缴足资本或LLP（有限合伙公司）注资为250万林吉特及以下的中小型企业，以及公司在课税年度从一个或多个来源取得的营业收入总额不超过5000万林吉特。

因此，如果一家企业远远超过小型微利企业的标准，可以考虑把该企业进行分立，组成几家小型微利企业。各自分别经营某一方面的专业业务，可以减轻企业所得税的纳税负担。当然也要权衡公司分立所花费的各种成本及公司业务发展规划，慎重决策。

五、公司组织形式的选择

企业投资，组织形式是必然考虑的因素，即要考虑选择建立何种主体形式。在中国，根据财产的组织形式和承担的法律责任的不同，一般可以分为公司制企业、合伙制企业和个人独资企业。在马来西亚，主要的商事主体法包括《1956年马来西亚商业登记法》（1978年修订）、《2012年马来西亚有限合伙法》以及《2016年马来西亚公司法》，共有八类商事主体。其中，商业登记法规定了两种个人商业组织，分别是个人独资企业与合伙企业；有限合伙法规定了有限合伙企业这种商业组织；公司法规定了私人有限公司、公众有限公司、无限公司、担保有限公司和外国公司等五类公司。在税收上，不同的主体形式存在着明显的差别，包括税种和税率方面都存在明显的差异。

（一）选择建立个人独资企业

此种商业组织类似于我国个体工商户和个人独资企业，由于注册成本低、注册手续便捷、合规管理要求低等优点，是小规模工商业主的首选，也是马来西亚数量最多的商业主体。在税负方面，由于个人独资企业不具有法人资格，因此不需要缴纳公司所得税。但是，投资者从个人独资企业取得的收入，需要缴纳个人所得税，相比于公司所得税，个人所得税的税负较高。

（二）选择建立合伙企业

在马来西亚，中小型初创企业和专业事务所，如律师、会计师、医师、公司秘书等，往往选择合伙企业的形式开展业务。与个人独资企业相似，只有马来西亚公民和取得永久居留权的居民才有权申请注册合伙企业，登记的收费标准与个人独资企业相同。合伙企业同样不具有法人资格。因此，在税负方面，合伙企业本身不为其业务收入缴税，而是将税收负担转移给各个合伙人，由合伙人缴纳个人所得税。

（三）选择建立公司制企业

在前面所述的5种公司类型中，关于私人有限公司，马来西亚法律并无关于股东国籍的相关限制，因此，对于中国投资者来说，完全可以在马来西亚设立全外资的私人有限公司。这也是外国投资者在马来西亚进行投资、开展业务首选的商业组织形式。在马来西亚，私人有限公司具有独立的法人资格，因此它既要缴纳公司所得税，同时自然人投资者分配的股利或红利又需要缴纳个人所得税。因此，税负一般高于合伙制企业和个人独资企业。

简而言之，无论选择何种主体形式，均应根据投资企业的规模而定。一般而言，规模小，合伙制企业和个人独资企业税负更轻；规模大，公司制企业优势更明显。但是在跨国投资中，还要考虑东道国法律对此行业相关的外资准入门槛。

案　例：税务筹划方案的设计

【案例背景】

在马来西亚众多投资领域中，工程承包市场发展较成熟也较稳健，市场开放度较高。它可以细分为港口、铁路、公路、航空、通信、制造、电力、水力和住宅9个领域。近期，中国一家从事大型海外工程项目承包的企业A，准备以自有资金赴马来西亚投资房屋建筑工程承包领域，打造系列超大规模新型智能化城市项目。企业A需要对马来西亚的税收制度和相关政策进行分析，从降低税务成本和提高企业获利的角度，为此项目进行合理的税务筹划。

一、税务筹划方案如何设计

以上案例中，中国企业A到马来西亚计划开展工程承包业务。这必然要求中国企业A根据马来西亚当地的规定在一定的范围内开展经营活动。通常海外承包工程项目的企业主要的经营形式就是设立常设机构，或者是设立子公司。我国的海外承包商在投资马来西亚的项目时，要综合考量不同投资框架下的税务影响，以及对我国企业税务的影响，选择可行的税务筹划方案，促进其海外工程项目利润的提升。

（一）**方案一：在马来西亚设立分公司B**

此方案的操作方式：在工程设计方面，B签订总包合同，再将项目分包给中国境内企业A；在采供方面，B从中国采购主要设备材料并销售给业主；在施工方面，B具体从事施工，并将设备安装调试和培训分包给A。

1. 马来西亚税负方面：此方案中，B在马来西亚不具有独立法人资格，按照非居民企业在马来西亚的所得须缴纳预提所得税的规定，就设计、采购和施工环节的所得向马来西亚政府缴纳预提所得税，数额大概为总承包合同金额的15%。设计和施工环节获得的价款需要缴纳价款6%的服务税（采购环节不适用）。采购环节需要向马来西亚政府缴纳进口关税和销售税。在马来西亚，大多数进口货物需要缴纳进口税，税率分为从价税率和特定税率，从价税率介于2%～300%之间；销售税大概是（进口报关价格+关税）×10%。B虽然为非居民企业，但仍需就其在马来西亚的所得缴纳企业所得税，数额为总包利润的24%（可以抵扣被扣缴的预提所得税）。印花税由马来西亚业主承担。

2. 中国税负方面：按照原来中国的税法规定，A需要就B在马来西亚设计环节所得缴纳营业税，数额大概为设计合同金额的5%。但是2017年税收制度改革，营业税已被全面废除。按照《国家税务总局关于发布〈营业税改征增值税跨境应税行为增值税免税管理办法（试行）〉的公告》（2016年第29号，国家税务总局公告2018年第31号修改）的规定，境内的单位和个人作为工程分包方，为施工地点在境外的工程项目提供的建筑服务，从境内的工程总承包方取得的分包款收入，属于“视同从境外所得收入”，可按现行规定适用跨境服务免征增值税政策。因此，在中国国内税负方面主要体现在A需要向中国政府缴纳企业所得税，数额为总包利润的25%，可以抵扣马来西亚企业所得税。

（二）**方案二：在马来西亚设立子公司C**

此方案的操作方式：在工程设计方面，C签订总包合同，并分包给中国境内企业A；在采供方面，C从中国采购主要设备材料并销售给业主；

在施工方面，C具体从事施工，并将设备安装调试和培训分包给A。

1. 马来西亚税负方面：由于C公司是马来西亚的居民企业并具有独立的法人资格，因此需要向马来西亚政府缴纳企业所得税，数额为总包利润的24%。由于无须缴纳预提所得税，因此也就不存在与企业所得税之间的抵扣问题。其他方面则和方案一一样。

2. 中国税负方面：和方案一相似，不存在营业税问题。A公司需要缴纳企业所得税，数额为总包利润的25%，可以抵扣马来西亚企业所得税。具体要看中国和马来西亚之间的税收协定以及企业境外所得抵免的相关政策规定。

（三）方案三：在境外税务低的地区（以中国香港为例）设立中控公司D

此方案的操作方式：在工程设计方面，D签订总包合同，并分包给企业A；在采供方面，D采购主要设备材料并销售给业主；在施工方面，D具体从事施工，并将设备安装调试和培训分包给A。

1. 马来西亚税负方面：同方案一。

2. 中国税负方面：无企业所得税。

3. 中国香港税负方面：主要是涉及利得税问题。香港税制采用“地域来源征税原则”。即不区别是否为居民企业或个人（放弃居民税收管辖权），而是关注收入本身是否来源于香港，只有源自香港的利润才须在香港缴税，而源自其他地方的利润则不须在香港缴纳利得税。这就意味着如果D公司在马来西亚的所得在香港被认定为离岸收入，则不需要在香港缴纳利得税。

二、税务筹划方案之比较和反思

（一）税务筹划方案之比较

1. 方案一：虽然在马来西亚税负方面我们可以将预提所得税在企业所得税中进行抵扣并可申请将超过部分进行退还，但是由于在实际操作中，从马来西亚税务机关申请税收返还的程序较为繁复且审批期限较长，因此可能会对中国海外承包商的现金流有所影响。

2. 方案二：在马来西亚设立子公司的门槛较低，最低注册资本、股东人数、董事等要求均较容易满足。

3. 方案三：税务效应的实现取决于在香港设立的中控公司取得的设计和采购所得是否属于“离岸收入”，在实践操作中税务效应的实现往往具有不确定性。由于过去申报境外收入免税被税务局质问的风险较小，香港这种税制经常被企业滥用，但是遭到了经济合作与发展组织及欧盟等的审查，因此香港也在逐渐收紧“非源于香港”的定义。再加上近些年我国对反避税的管控趋于严格，不少地方税务部门对受控外国企业反避税措施进行了特别纳税调整。因此，此种方案的潜在风险极高。

综上所述，基于税负影响、现金流和风险方面的考量，方案二较优于方案一和方案三。

（二）税务筹划方案之反思

1. 以合法合规作为基本前提。节税的关键前提是不触碰法律红线。开展税务筹划，应当以有关法律法规、国际惯例等为规定，要在熟识法律要求的前提条件下，运用税制组成因素中的税赋延展性开展税务筹划，挑选最优化的缴税计划方案。尤其是随着时代的进步和税法的不断完善，要特别关注国际税收法制的变化与发展。例如，2021 年 6 月 5 日在伦敦举行的 2021 年 G7 财政部长会议达成了历史性的协议，即同意针对全球数字时代改革全球税务制度，其中就包括实施全球最低税率，即每个国家和地区的企业所得税税率至少为 15%。这将会给很多低税国家和地区企业带来影响，例如爱尔兰、匈牙利、瑞士、阿联酋迪拜等。这也会对在某些国家和地区因征税标准等正在享受企业所得税低税率或免税优惠的部分企业带来影响，例如新加坡和中国香港的部分企业。虽然目前最终的实施细则并未出来，但是这也意味着有到低税国家和地区进行跨国投资计划的企业及目前在部分国家和地区有效税率低于 15% 的企业要对此进行尽早筹划。

2.要注意事先筹备。要进行税务筹划，投资者就必须在经济业务流程产生之前，准确把握业务流程，如流程中涉及我国现行的什么税收标准，投资目的地国的税收立法如何，有什么税收优惠政策，所涉及的税收法律法规有哪些立法空间等。把握清楚情况后，投资者才能够运用税收政策和税收法律条款的空间进行税务筹划，以达到节税的目的。

3.要具体问题具体分析，坚持合理化原则。税务筹划没有固定的套路或模式，手段及形式也是多样的，不能照搬他人套路。所以针对不同的问题，要因地制宜，具体问题具体分析。另外，筹划方案一是要合乎个人行为特性，要符合客观事实；二是不可以有异常情况，要合乎常情。特别要注意的是一定要还原业务真实面貌，切记不要背离真实业务。只有建立在合情合理合法的基础上，才能确保筹划的顺利开展。

第七章
公司退出的路径

怎样到RCEP成员国投资

马来西亚篇

公司清算也被称为公司清盘，是公司退出市场的主要路径之一。公司清算是一项公司终结程序，其最终目的是结束公司的存续和法律人格。公司清算可以由公司自愿提起，也可以在法院的强制要求下启动。尽管在后一种情况中，公司清算往往不是公司想要的结果。不管公司实际清算启动的路线如何，规范上述两类公司清算行为的法律框架具有相同的关键目标，即确保公司事务的有效清算和将公司资产有序地分配给债权人。《2016年马来西亚公司法》保留了《1965年马来西亚公司法》关于规范公司清算的法律框架制度。同时，也引入了大量的新的实质性规则。采取这些措施的目的都是为了提高公司清算法律制度的效率，并根据司法管理和引入公司自愿安排清算形式的新公司救助机制，简化这些规定的使用。清算程序结束后，公司便会被依法注销。当一个公司进入清算程序后，将会集中清理公司的所有资产和债务，并按照公司的资产状况清偿公司对外所欠债务。公司所有债务清偿完毕之后，如果还有剩余资产的话，可以将剩余资产按照法律规定和公司章程规定向公司股东进行分配。

第一节　自愿清算的两种模式

自愿清算是指在清算人的协助下，公司自愿启动关闭公司和终结公司法律人格的程序，清算人将监督该过程，出售其资产并将收益分配给债权人，将剩余资产返还给公司股东。

自愿清算分为股东自愿清算和债权人自愿清算两种模式，这两种模式的主要区别在于它们的偿付能力有所不同。股东自愿清算只有在公司有偿债能力时才能启动，而债权人自愿清算是在公司无偿债能力（即由于负债而无法继续经营）时才启动。两者实质上都涉及类似的程序。另外，在上述两种清算模式中，债权人参与选择清算人的程度有所不同。

公司清算可以由股东自愿清算转化为债权人自愿清算。当股东自愿清算指定的清算人认为公司不能完全清偿其债务，也就是公司的实际偿付能力与董事会早些时候签署的“偿付能力声明”相反时，就会发生由股东自愿清算向债权人自愿清算转化的情况。如果发生这种情况，清算人必须召集债权人会议，并向债权人提交公司的资产和负债报告书（显示公司无力偿债）。在会议上，债权人有权保留公司指定的清算人或指定其他人为清算人来管理公司的清算事务。债权人会议一旦召开，股东自愿清算将会转变为债权人自愿清算。

一、股东自愿清算

《2016年马来西亚公司法》第432条就公司股东自愿清算规则做了规定。股东自愿清算模式是在公司具有清偿能力的情形下，由公司股东通过公司大会决议的方式来实施。在具备下列情形之一时，公司股东可以通过公司普通决议启动公司清算程序。一是公司章程明确规定了公司的存续期间。在公司的存续期间已经届满的情形下，该公司可以通过公司普通决议的方式启动公司清算。例如，X公司于2016年1月1日正式注册成立，并于成立之日起开始从事公司业务经营。该公司章程明确规定了X公司的存续时间为四年。依照该存续时间的规定，到2019年12月31日，该公司的存续期间届满。存续期满后，X公司股东可以通过召开公司股东会议决定是否对X公司进行清算。二是公司章程规定在特定事件发生时，可以解散公司。当该约定事件发生后，公司可以通过普通决议启动公司清算程序。例如Y公司在其公司章程中规定，Y公司年营业额低于5000万林吉特时，可以申请解散和清算。如果Y公司在注册成立后的第五年，出现了年营业额低于5000万林吉特的情形，Y公司股东可以通过普通决议对Y公司进行清算。在其他情形下，公司股东可以通过公司特别决议启动对公司的清算程序。

在一家公司启动自愿清算程序后，该公司没有被依法正式注销时，仍然具有法律地位。公司自愿清算开始后，除非获得公司清算人的批准，否则公司实施的任何转让行为均无效。在公司股东自愿清算模式下，公司股东通过公司大会来任命一名或数名公司清算人。任命后的公司清算人依照公司法规定的步骤和方法对该公司实施清算行为，其主要任务是清算公司资产，在公司现有资产的基础上清偿公司债务，并将清偿公司债务后剩余的资产依照公司法和公司章程规定分配给公司股东。在清算行为完成后，依法注销公司法人身份和地位。在股东自愿清算情形下，唯一董事或多数董事应当做出有偿付能力的声明。

二、债权人自愿清算

如果发生公司清偿能力不足的情况时，公司债权人通过债权人会议任命公司清算人，再由公司清算人依法实施公司清算行为。这种清算模式便是公司债权人自愿清算模式。与公司股东自愿清算不同的是，在债权人自愿清算模式中，该公司唯一董事或多数董事并未事先做出公司偿付能力的声明。

同前文所述公司股东自愿清算的情形一样，在公司债权人自愿清算程序启动后，该公司没有被依法正式注销时，仍然具有法律人格。公司债权人自愿清算开始后，除非获得公司清算人的批准，否则公司实施的任何转让行为均无效。除此之外，《2016年马来西亚公司法》第451条规定了债权人自愿清算开始后的其他法律效果。一是任何在清算开始后对公司资产的扣押、执行都是无效的。二是没有法院的许可，任何针对公司的诉讼都不能继续或开始。一般来说，所有针对该公司的法律诉讼都被暂停，包括债权人在内的任何人都不能对该公司采取行动。同理，任何正在进行的针对公司的法律程序将被暂停。

考虑到公司清算的重要性，公司法要求在通过公司清算决议后的7日内，应当向公司注册官提交该公司的清算决议。同时，应当将该公司清算决议以官方语言在全国性报刊上进行公告。公司股东实施自愿清算的具体情形和原因主要有：一是公司章程规定的公司存续期限届满或出现公司章程规定的公司解散事由，并且通过公司大会决议决定实施公司自愿清算的；二是公司通过特别决议决定实施公司自愿清算的。

第二节 法院强制清算和指令清算

在公司清算实践中，法院可以根据公司法所规定的具有清算申请资格的申请人的申请而启动强制清算程序，也可以在一定的条件下指令开启公司清算程序。破产并不是法院强制清算的先决条件。譬如，一家公司在成立一年后还不能开始营业，也是法院命令这家公司进行清算的正当理由。

一、申请法院强制清算

申请法院对公司进行强制清算是由《2016年马来西亚公司法》第464条第1款所规定的由一人或数人依法请求法院启动的公司清算程序。根据《2016年马来西亚公司法》的相关规定，能够请求法院启动公司清算的主体主要有公司自身，公司债权人，对公司债务负有连带责任人，管理公司事务的部长，公司清算人，符合法律规定情形的马来西亚国家银行、马来西亚存款保险公司以及公司注册官等。

一家公司可以申请法院命令请求对自己进行清算吗？一家公司请求法院清算是不常见的。这是因为股东自己可以通过一项公司特别决议，根据公司是否有偿付能力或无偿付能力，以股东自愿清算或债权人自愿清算的形式自愿对公司进行清算。然而，在公司发生资不抵债的情形时，如果公司希望进行股东自愿清算，公司所有董事必须签署破产声明。如果公司未能获得所有董事的签字，就无法进行股东自愿清算。这种情形下，如果仍然认为对公司进行清算符合公司及其债权人的最佳利益时，则可以向法院申请启动清算程序。另外，公司也可能出现其他一些情况，如公司的股东可能不联系，甚至可能没有兴趣讨论是否有必要对公司进行清算。在这种情况下，多数董事可以采取措施向法院申请进行清算。

二、法院指令清算

如果公司出现了《2016马来西亚公司法》第465条第1款规定的任何一种情形，则法院有权力指令对该公司进行清算。法院指令清算的情形和原因主要有：（1）公司通过特别决议案决定申请法院清算；（2）公司未依照《2016年马来西亚公司法》第190条第3款规定提交法定声明；（3）公司成立后一年内未开业或停止营业满一年；（4）公司没有股东；（5）公司不能清偿其所负债务；（6）公司董事为谋取个人私利而非基于公司股东整体利益从事公司事务，或者以其他对公司股东不利或不公平的方式从事公司事务；（7）公司章程规定的公司存续期限届满或出现公司章程规定的公司解散事由；（8）法院基于公正原则认为应当进行公司清算的；（9）公司根据《2013年马来西亚金融服务法》或《2013年马来西亚伊斯兰金融服务法》取得的执照已被取消或收缴；（10）在马来西亚境内，公司违犯了《2013年马来西亚金融服务法》或《2013年马来西亚伊斯兰金融服务法》的相关规定，在没有获得正当许可的情形下，从事相关许可业务，或者从事存款业务；（11）公司在马来西亚境内从事非法目的行为或者从事损害、违反社会和平、福祉、安全、公共秩序、良好风俗和道德的任何行为；（12）管理公司事务的部长依照《2016年马来西亚公司法》第590条规定做出的宣告。

第三节 清算人

在一家公司发生清算的情形下，不管清算发生的具体原因是什么，一般都要根据法律规定任命清算人。清算人也叫清算师。公司清算时，应当设有清算办公室。清算人的基本职责是依法负责公司事务的有序清算，负责公司清算结束后的公司解散等具体事务。在清算过程中，清算人应当依照职权，厘清公司所有资产，依照法律规定和公司章程规定向公司债权人清偿债务，并在公司尚有剩余财产时，将剩余财产分配给股东。清算人是负责公司合法走向终结的职业人。《2016年马来西亚公司法》对不得担任清算人的情形和清算人的任命、职责等内容做了详细的规定。

一、不得担任公司清算人的情形

公司清算的模式不同，公司清算人产生的方式也有所区别。整体而言，公司股东、公司债权人以及法院可以根据上述公司清算的模式任命公司清算人。《2016年马来西亚公司法》第433条规定了不得担任公司清算人和临时清算人的情形：提名后未获得批准的人；对与清算公司有关联关系的人，欠债超过25000林吉特的人；公司管理人员；公司管理人员的合伙人、雇主或者雇员；公司管理人员雇员的合伙人或者雇员；根据破产法律，向债权人转让财产或者和债权人达成债务清偿协议的人；进入破产程序的人；因实施欺诈或欺骗行为构成犯罪被判决3个月以上监禁的人。但是，公司清算模式不同，不得担任公司清算人的情形有所区别。在依法确定公司清算人之前，应当征得拟任清算人本人的书面同意。

二、公司临时清算人和清算人的任命

（一）公司临时清算人的任命

在公司自愿清算的情形下，当公司的董事做出法定宣誓书，并且在做出公司因负债不能继续开展业务的声明后，该公司应当在做出宣誓书之日起30日之内召开股东大会和债权人会议。在公司董事将宣誓书递交公司注册官后，应当委任一名已获得批准的人为临时清算人。在法院清算模式下，在公司清算申请被提交到法院后至法院正式发出清算令之前的任何时间里，法院可以委任官方接管人或者已经获得批准的人为临时清算人。临时清算人的任职期间一般从任命之日起可以延续至30日。破产财产管理人根据公司清算需要可以适当延长临时清算人的任职期间，或者延长至清算人任命为止。临时清算人有权获得清算工作报酬。在依法任命公司清算人以后，公司应当通知公司注册官，并向社会发出公告。

（二）公司清算人的任命

在公司股东自愿清算的情形下，拟清算公司可以根据公司清算业务的数量、难易程度任命一名或者数名公司清算人，具体负责公司清算业务，清偿公司债务。在公司债务清偿完毕后，可以将公司剩余财产依照公司法和公司章程规定分配给公司股东。公司清算人正式任命后，公司董事不得行使其公司董事权力，除非该董事继续行使公司董事权力是通过公司决议且获得公司清算人同意的，或者获得公司清算人批准的。

在债权人清算的情形下，公司清算人可以由公司和债权人分别推选各自认为合适的人选。公司可以通过公司会议方式推选和提名公司清算人；同样，债权人也可以通过债权人会议推选公司清算人。在公司和债权人推选清算人时，若各自提出的人选一样，则该共同推选人当选为公司清算人。如果公司和债权人在清算人人选上无法形成共识时，公司清算人应当以债权人提名的人为准。只有在债权人放弃提名公司清算人人选的情形下，公司清算人以公司提名的人选为准。

在公司自愿清算的情形下，如果没有任命清算人的，法院可以任命一名清算人。若法院依照其确定的理由解除一名清算人后，可以另行委任另外一名清算人。

在法院指令清算的情形下，应当任命一名公司清算人。在没有任命清算人时，由指定接管人充任临时清算人，直到选出公司清算人为止。在没有委任公司清算人的情形下，指定接管人应当召开公司债权人会议和担保人会议，以便决定是否申请法院委任一名清算人以替代指定接管人履行清算职责。

第四节　公司财产分配和公司注销

一、公司财产分配

不管是何种原因引起的公司清算，其核心任务是清算人核算公司全部资产，明确公司的债权人、债权性质和类别、债权总额，并制定合理的清算计划。清算人将根据公司所清算的财产数额，首先用来清偿公司对外所产生的各种债务。根据《2016年马来西亚公司法》第452条的规定，如果公司具有清偿能力，公司资产在支付完清算所产生的各项费用和开支后，优先清偿有担保的公司债务和享有优先权的公司债务，然后再平等清偿其他公司债务。公司在清偿全部债务后，如果还有剩余财产的，应当按照公司法和公司章程规定，向公司股东分配剩余财产。

在公司清算过程中，清算人应当对公司的债权人进行分类登记，不同类别的公司债权人享受的清偿权利和清偿顺序是不同的。在公司清算过程中，同一类型或顺位的所有债权人应得到平等对待。不得给予同一类型或顺位的债权人任何不适当的优先权。公司清算人不得实施与公司清算和分配公司财产无关的行为。

如果清算公司既有有担保的债权人又有无担保的债权人时，清算人应当按照下列顺序向债权人清偿债务：有担保的债权人；享有优先权的债权人；一般债权人。根据《2016年马来西亚公司法》第527条第一款的规定，此处所指的具有优先权的债权是指下列债权：（1）由申请人支付的诉讼费、清算人报酬以及审计费用等在内的因公司清算产生的各类成本和费用；（2）公司清算前四个月内未支付的不超过15000林吉特或者以计时、计件方式计算的公司各类雇工工资；（3）公司清算前发生的应当向公司雇工支付的赔偿金；（4）公司清算前发生的应当向公司雇工支付的各类休假薪酬，或者因公司员工死亡应当向其权利承继人支付的全部薪酬；（5）公司清算前十二个月内应支付的公司雇工的社会保障金和退休金；依据联邦税法获准的应付职工退休基金；（6）公司清算开始之前或者公司债务核实到期之前所确定的应付联邦税金。

公司担保债权人对于公司为其提供的担保财产有三种选择：一是如果担保债权人有权以担保财产实现其债权且已被兑现时，该担保债权人仅就其未能实现的债权作为普通债权申请清偿；二是担保债权人可以评估其担保财产，并根据评估的担保财产数额，就不能通过担保财产实现的债权申请清偿；三是担保债权人放弃向清算人主张以担保财产清偿其债权的权利时，该债权人就其债权仅按普通债权主张清偿。清算人有权要求有担保债权人在收到通知后21天内做出选择。如果有担保债权人未做出回应，则根据《2016年马来西亚公司法》第524条第9项规定，该债权人被视为选择了第三种情形，即为了公司债权人的一般利益放弃其担保，该债权人则被列为无担保债权人。因此，有担保债权人应当对清算人的通知及时做出适当的回应以避免失去其担保。

在清偿上述各类债务时，同一顺序和同一等级的债务具有同等的受偿权。在公司资产不足以清偿同一顺序和同一等级债务时，同顺序和同等级债务应当按比例原则予以清偿。

在公司债务清偿完毕后，公司若有剩余资产的，应当按照公司章程规定，根据股东权力和利益情况，向公司股东分配剩余财产。

二、公司注销

公司注销本质上是一个行政程序，即注册官将公司的名称从公司登记册中消除的行政程序。公司注销的直接后果是公司不得开展业务经营，公司法人人格终止。完成公司清算任务后，公司清算人可以依法申请解散公司，同时，法院可以依申请解除公司清算人。公司解散后，公司注册官依申请注销该公司，并在政府公报上进行公告。在下列情形下，公司注册官可以根据公司法规定注销该公司：（1）公司不再从事商业经营或者已经停止商业经营；（2）公司做出违反公司法规定的行为；（3）利用公司从事非法活动，或者公司经营目的违反了马来西亚和平、安全、福祉、公共利益、公共秩序以及善良风俗。

另外，在上述情形下，公司董事、股东或者清算人可以向公司注册官申请注销公司。在发生上述情形时，公司注册官决定注销公司前，可以向公司或者公司清算人发出通知，告知他们自收到该通知之日起30日之内，可以向公司注册官提出反对公司注销的理由，若在规定的上述期间没有提出反对公司注销理由的，注册官将向公众发布注销公司的公告。如果公司注册官在上述期间内收到了来自该公司的回应，则会仔细审核该公司的回应。如果公司注销程序是因申请而启动的，公司注册官将在进一步综合考虑申请人意见的基础上做出最终决定。如果公司注册官认为公司的回应有正当理由的，可以暂停公司注销程序。公司或者公司清算人在公司注册官通知规定的30日之内，存在下列情形之一的，公司注册官应当在政府公报上公布应注销的公司：一是该公司向公司注册官明确不再从事商业经营或者已经停止商业经营的；二是公司没有在规定的期限内向注册官做出回应的；三是公司没有提出反对意见或者提出的反对理由不成立的。公司清算人应当根据政府公报内容及时解散被注销的公司。

当一家公司被注册官依法注销后，被注销公司的股东、董事和管理人员仍然不能免除公司存续期间应当对公司承担的法律责任。

第八章
商事纠纷解决之道

怎样到RCEP成员国投资

马来西亚篇

诉讼、仲裁、调解是解决纠纷的主要途径，被喻为纠纷解决领域的“三驾马车”。随着《外国判决承认与执行公约》《新加坡调解公约》的签署以及《纽约公约》成员国不断增加，在跨境商事纠纷解决中，跨境诉讼、国际仲裁和国际调解三足鼎立的多元化纠纷解决格局已然形成。传统的诉讼方式在境内财产执行方面有着天然的便利和优势，但在跨境争议中，仲裁因其更灵活、更开放等特点则更受青睐，调解因其有利于维持交易双方间和谐关系的特点也逐渐成为新的选择。中国企业到马来西亚投资过程中，若遇商事纠纷，需要综合全盘考虑各方面因素，包括马来西亚的司法制度、中马两国签订的双边条约、中马两国参与缔结的国际公约、司法文书在将来执行的可行性和便利性等，结合跨境诉讼、国际仲裁和国际调解各自的特点进行分析比较，从而正确评估风险，做好包括签订争议解决协议在内的风险防范预案，以达到高质高效地解决跨境纠纷的目的。

第一节　中国企业在马来西亚商事纠纷解决方式

马来西亚是中国在东南亚的重要贸易伙伴，“一带一路”倡议的提出，使中马两国迎来了新的发展机遇。两国经贸往来更加频繁，中国企业选择马来西亚作为对外投资目的国的热情持续升温。同时，伴随着越来越多的中国企业“走出去”，在马来西亚投资贸易的风险亦显露出来，随之而来的商事纠纷也逐渐增多，如何有效有力地解决商事纠纷成为赴马来西亚投资的中国企业关注的热点。通常来说，跨境商事纠纷的解决包括诉讼、仲裁、调解三种主要途径。与中国的法律体系不同，马来西亚属于英美法系，以判例法为主要法律渊源，但同时具有伊斯兰法和习惯法的特征。对于中国与马来西亚之间的跨境商事纠纷，应当综合考量各项纠纷解决途径的优势与不足，同时结合中国和马来西亚的纠纷解决制度以及司法环境等因素，选择适合的解决方式，才能实现在有效解决纠纷的基础上，保障企业商事利益的最大化。

一、诉讼

（一）马来西亚法院体系概述

马来西亚根据管辖权、法院位阶将法院分为上位法院和下位法院。上位法院包括高等法院、上诉法院和最高法院（即联邦法院）；下位法院主要包括地方法院和区法院。

上位法院和下位法院并不是区别案件一审和二审的标准，而是根据纠纷的类型、标的金额、案件复杂程度等因素确定管辖法院。通常情况下，当事人应当根据案件的实际情况向区法院、地方法院和高等法院申请立案审理，当事人不服一审判决的，可在法定期间内提出上诉。马来西亚最高的司法机关是联邦法院，审理重大疑难案件。

案件是采用独任法官，还是由3名法官、5名法官组成合议庭来审理，需要根据案件类型及其复杂程度等因素来决定。值得一提的是，鉴于陪审团制度复杂的程序、高额的诉讼成本和提高诉讼效率的需要，马来西亚目前已经废除陪审团制度。在案件复杂程度的判断上，马来西亚与中国采取类似的判断标准，即结合案件类型和标的金额来判断，对于涉及财产的案件，案件标的金额通常作为区分管辖法院级别的标准之一。

（二）**马来西亚法院结构**

马来西亚在继受英国法的基础上融合马来西亚独有的多元化背景，形成了独特的民事诉讼体系，目前实行四级法院三审终审制度。三级上诉路径有两种：一是由下位法院初审的案件上诉到高等法院，对高等法院判决不服再上诉至上诉法院；二是高等法院初审的案件上诉到上诉法院，对上诉法院判决不服再上诉至联邦法院。

1. 下位法院。

（1）地方法院。

地方法院（Session Court）是马来西亚初级法院，地方法院负责审理诉讼请求金额不超过100万林吉特（不含利息）的民事案件。此外，最高元首可以下令设置任意数量的地方法院且有权限制其管辖权。不服地方法院判决的，可以向高等法院上诉。同时，地方法院法官对治安法院具有有限的司法监督权，有权要求治安法院提交案件审判记录以审查治安法院审理的案件程序的合法性及法律适用的准确性。

（2）区法院。

马来西亚最高元首可以下令设置任意数量的区法院（Magistrate Court），且有权限制其管辖权。区法院由一级和二级治安法官组成，一级区法院对民事争议标的金额不超过10万林吉特（不含利息）的所有民事案件具有管辖权；二级区法院的民事管辖权非常有限，只能对标的金额不超过5000林吉特（不含利息）的小额索赔案件行使管辖权。如果不服区法院做出的民事判决，可以向高等法院上诉。

2. 上位法院。

（1）高等法院。

马来西亚有两个高等法院（High Court）：一是马来西亚高等法院，二是沙巴州和砂拉越州高等法院。根据《1964年马来西亚法院法》的相关规定，高等法院的管辖权主要包括：初审案件的管辖权；对下级法院民事、刑事判决提起上诉案件的管辖权；案件审判监督权和修正权。总体而言，高等法院的民事案件管辖权非常广泛，除对自身判决的上诉案件以及违宪审查案件无权审理外，不限案由、诉讼金额或判决执行方式。但是，就民事案件而言，高等法院一般只审理标的金额超过100万林吉特（不含利息）的合同或民事侵权案，而标的金额100万林吉特恰好是地方法院受理民事案件的上限。同时，高等法院具有对所有下级法院的统一监督管辖权，有权调档任何下级法院的任何民事案件并要求重审，在高等法院调档期间，下级法院应当暂停审理。

（2）上诉法院。

就民事领域而言，上诉法院（Court of Appeal）负责审理所有高等法院的上诉民事案件，有权维持、推翻或修改高等法院的判决且有权要求重审。凡是既可以向上诉法院又可以向高等法院申请的案件，应当首先向高等法院申请。上诉法院不受理民事争议标的金额少于超过25万林吉特（不包含利息）的案件。上诉法院审理案件通常由3名法官组成合议庭并采多数决。

（3）联邦法院。

联邦法院（Federal Court）是马来西亚司法系统里的最高机构及最后的上诉法院。联邦法院对上诉法院和高级法院判决的上诉案件具有管辖权，联邦法院做出的判决为终审判决，并受理对上诉法院判决不服提起的上诉案件。联邦法院可下令受理上诉法院民事案件的上诉，针对民事案件的上诉，上诉方必须先得到联邦法院的准许，案件方能得到联邦法院的受理，而联邦法院在决定是否批准该上诉准许时，必须确认上诉范围仅限于涉及新的法律原则的、具有影响公共利益的重要性的或涉及宪法规则的民事案件。

此外，由于马来西亚是君主立宪制国家，马来西亚联邦宪法第182条规定设置特别法院，审理涉及州统治者或最高元首的民事诉讼。

（三）马来西亚民事诉讼程序

1. 一审程序。

民事诉讼的原告应向高等法院或下级法院递交起诉状，或先递交一份简要的关于诉讼请求的性质及内容的说明，法院应在收到起诉状或说明后的1～2天内出具传票，传票一旦送达至被告，被告必须在14天内提交关于出庭应诉的备忘说明。主要诉讼程序包括庭前准备会议、诉前救济措施和庭审流程。具体的庭审流程包括开场陈述、法庭辩论、证人质询和总结陈词。

2. 上诉程序。

根据1994年上诉法院规则以及法院规则的规定，从下位法院向高等法院提起的上诉必须在裁决做出之日起14天内提起；从高等法院向上诉法院上诉，以及从上诉法院向联邦法院上诉，必须在裁决做出之日起的一个月之内提起。

3. 执行程序。

执行令一般有3种形式：（1）没收和拍卖执行令；（2）占有不动产执行令；（3）交付动产执行令。申请执行判决的时效是在判决生效之日起的

12年以内。需要注意的是，对判决所确定的债务的利息可请求的范围仅包括利息到期应付日后的6年以内所产生的利息。

除了普通民事程序，马来西亚还有一套并行的伊斯兰法律体系，但仅对穆斯林的家庭法和继承法案件具有专属管辖权。

二、非诉讼纠纷解决方式

（一）仲裁

1. 马来西亚仲裁法。

在马来西亚，仲裁是被最广泛使用的替代争议解决方式。马来西亚的仲裁制度由仲裁法规定。以英国仲裁法为基础，马来西亚于1952年制定了本国首部仲裁法，即《1952年马来西亚仲裁法》；2005年，马来西亚颁布了新的仲裁法并于当年正式生效，即《2005年马来西亚仲裁法》。《2005年马来西亚仲裁法》以《联合国国际贸易法委员会国际商事仲裁示范法》（UNCITRAL示范法）为范本，负责调整国内和国际仲裁，分为四部分：第一部分为基础问题；第二部分为一般规定；第三部分为有关仲裁的附加条款；第四部分为附则，对仲裁制度的基本原则、仲裁协议、仲裁员组成、仲裁庭管辖权、仲裁程序、仲裁裁决、裁决的撤销、裁决的承认和执行等做出了规定。

2018年5月8日，《2018年马来西亚仲裁法（修正案）》生效，开启了马来西亚仲裁法的新时代。该修正案参照了最新修订的UNCITRAL示范法以及全球和主要司法管辖区域的仲裁法。该修正案对《2005年马来西亚仲裁法》进行了期待已久的重要修改，包括：（1）澄清紧急仲裁员的地位和紧急仲裁机构发出的命令或裁决的性质，允许任命紧急仲裁员来进行紧急临时救济；（2）给予国内和国际当事人委任代理人的自由，而不仅限于律师；（3）法院可以审查当事人的争议，以确定争议是否可以仲裁；（4）澄清仲裁应以书面形式进行的要求，确认电子通信方式属于书面形式；（5）关于高等法院和仲裁庭给予临时措施救济权力的全面而平衡的规定；（6）允许当事人选择适用于争议实质的任何法律或法律规则的权利，以及如果当事人授权的话，仲裁庭根据公平和良心做出决定的权利；（7）明确规定仲裁庭可对任何有争议的款项给予裁决前和裁决后的利息的权利；（8）保证仲裁和与仲裁有关的法院程序保密的明确规定；（9）强调最小限度的法院干预原则和仲裁裁决的终局性。

该修正案是在吉隆坡区域仲裁中心（Kulua Lumpur Regional Centre for Arbitration，KLRCA）更名为亚洲国际仲裁中心（Asian International Arbitration Centre，AIAC）后通过的。该修正案进一步加强了仲裁中的当事人意思自治，进一步加强了该区域作为仲裁地和仲裁友好管辖区的形象，此次修改对马来西亚仲裁的发展具有重要意义。

马来西亚司法重视仲裁的推广运用，仲裁法的规定灵活宽松，临时仲裁也得到广泛采用。临时仲裁赋予当事人选任仲裁员、选择仲裁程序以及确定适用法律等方面极大的自由权，充分尊重了当事人的意思自治并更加节约时间，使仲裁更高效。此外，马来西亚还充分发挥了友好仲裁的优势，以利于及时有效地解决纠纷。

《2005年马来西亚仲裁法》对可仲裁的事项做了较为宽泛的规定，除违反公共政策的事项外，任何由当事人通过仲裁协议同意提交仲裁的纠纷均可由仲裁裁决。除非法律另有规定，任何法院不得干预仲裁事项。一方当事人就仲裁协议约定的仲裁事项向法院提起诉讼，法院应不予受理并要求双方移送仲裁，除非法院认为仲裁协议无效、失效或不能执行。现行马来西亚仲裁法对国际仲裁和国内仲裁进行了区别规制，同时凸显国际性等特点。

2. 马来西亚主要仲裁机构：亚洲国际仲裁中心。

马来西亚最主要的仲裁机构是亚洲国际仲裁中心（AIAC），位于马来西亚首都吉隆坡，于1978年成立，其前身是吉隆坡区域仲裁中心（KLRCA），2018年，更名并制定新版仲裁规则。在四十年的时间里，该中心在替代解决争端方面获得了丰富的经验。2019年，该中心进一步扩大了其服务范围，扩展到提供法庭秘书、虚拟听证会等辅助功能。值得提及的是，2017年5月9日，北京仲裁委员会与AIAC、开罗地区国际商事仲裁中心共同签署了《“一带一路”仲裁行动计划合作协议》，目的在于促进这三家仲裁机构在中国、马来西亚与埃及三个国家的合作和扩大影响力。

（二）调解

调解是指一个非对抗性且通常是非公开的过程，争议方与中立的第三方会面，试图达成双方都同意的解决方案。2012年8月1日生效的《2012年马来西亚调解法》，明确了进行调解的详细程序，以促进和鼓励调解作为替代性解决争议的方法，以公正、高效和相对低价的方式解决争议，从而给争议当事人带来便利。当事人一方可以向另一方发出书面的邀请，如另一方当事人在14日内或在书面邀请约定的期限内做出接受调解的书面回复，则调解得以启动。然后，双方当事人签订书面的调解协议，指定一位调解人或者请求专业调解机构代表其指定一位或多位调解人。调解人可以决定调解进行的方式，提出解决纠纷的建议，以协助当事人达成满意的解决方案，但调解人没有做出决定的权利。调解结束后，如当事人就解决纠纷达成了共识，则签订书面的和解协议。和解协议对双方当事人具有约束力。如果已在法院提起诉讼，和解协议可以由法院记录作为合意判决或法院判决。马来西亚主要的专业调解机构有AIAC和马来西亚调解中心（Malaysian Mediation Centre，MMC）。

此外，马来西亚许多法院设有调解中心，其中最著名的是吉隆坡法院附设调解中心（Court-Annexed Mediation Centre Kuala Lumpur，CMCKL）。法院附设调解是指法官作为调解人协助处于诉讼中的双方当事人找到解决纠纷的办法。马来西亚司法机构颁布了2016年第4号实务指导，规定法院调解或由法官主导的调解必须在高等法院法官、地方法庭法官、推事及其注册服务机构的指导下进行。法院可以自行决定或应一方当事人的请求就当事人在法院提起的诉讼进行免费调解。调解时，当事人有权要求其律师在场。在实践中，负责审理的法官如果认为纠纷可以友好解决，往往会请当事人在其办公室会面并建议采取调解的方式。

三、诉讼与仲裁孰优孰劣

鉴于不同的争议解决方式各有其利弊，中国企业在马来西亚投资中若想妥善处理纠纷，就要综合考量成本、效率、执行力等因素，选择适宜的争议解决方式。本文重点就争议解决方式中占据主导地位的诉讼、仲裁这两种方式进行比较。

（一）诉讼的利弊

诉讼是传统的争议解决方式。若选择以诉讼方式处理纠纷，最大的优势在于诉讼是一种具有强制力的救济手段，所做出的判决具有强制执行力，当被告方的财产仅在马来西亚境内时，经由马来西亚法院诉讼裁判的案件获得判决具有执行的便利性，可以较顺利地依赖马来西亚司法系统得以执行，使当事人的权利义务落地，无须再行判决承认程序，相对比较便利。但与此同时，对于中国当事人而言，在马来西亚诉讼也存在一些文化、语言、司法程序的生疏等突出缺陷。

一是体现在中马两国法律传统文化的差异方面。马来西亚承继英美法传统，属于普通法系，其法庭规则对于中方当事人来说相对不熟悉，需要花费较大成本和精力投入诉讼活动中。

二是体现在中马两国法庭语言不同造成的理解困难方面。马来西亚的官方语言是马来语，依照《马来西亚1967年国家语言法》，在马来西亚法庭中，除证据提交环节可以适用英语外，其他程序必须适用马来语进行。因此，涉外案件法庭程序需要依赖多种语言翻译进行，特别是在法律文书方面增加了当事人翻译的负担，因此无形中增加了参与案件审理的难度。

三是体现在马来西亚法院管辖权和诉讼审理周期方面。马来西亚法院诉讼有严格的管辖权要求。当事人不可以选择审理地点，如案件需要在马来西亚法院审理，则中方当事人免不了远途应诉，增加诉讼负担。

四是体现在法院审理的公开性方面。由于法院审理案件以公开为原则，不公开为例外。因此，对于大多数中方当事人来说，一旦涉诉相关信息披露不受控制，有可能会给自身海外形象和总体布局带来不利影响。

最需要注意的是，在马来西亚经诉讼做出的法院判决涉及被执行方财产在马来西亚境外时，该判决在他国得到实际承认与执行的难度相当大。这也是通过诉讼解决国际商事纠纷的极大弊端之一。以中国为例，根据《中华人民共和国民事诉讼法》第二百八十二条，以及《最高人民法院关于适用〈中华人民共和国民事诉讼法〉的解释》第五百四十四条规定，中国对于承认与执行外国法院判决，主要有两项依据：一是两国存有共同参加的多边国际条约或双边司法协助条约；二是两国存有互惠关系。就多边国际公约来看，中国与马来西亚并未共同参与已经发生效力的有关执行外国法院判决的国际公约，中国与马来西亚也没有签订关于跨境商事争议的法院判决的承认与执行的双边协定。就互惠关系来看，要求两国具有基本对等的承认与执行外国判决的条件，中国在互惠关系的认定与互惠原则的适用方面并没有明确的法律规定，司法实践中则采用事实互惠原则，即需要根据马来西亚是否有承认与执行中国法院判决的案例来判断，如已有相应案例则认定有互惠关系，如没有则认定没有互惠关系。至今，中国与马来西亚尚没有在先的案例。虽然，2015年6月，我国最高人民法院发布的《最高人民法院关于人民法院为“一带一路”建设提供司法服务和保障的若干意见》表明我国法院在“一带一路”沿线国家承认和执行外国法院判决开始采取积极的立场适用推定互惠原则。2017年6月，第二届中国—东盟大法官论坛在广西南宁举行并通过了《第二届中国—东盟大法官论坛南宁声明》，主张在东盟国家之间采取推定互惠原则。但是，目前司法实务中还没有突破以往事实互惠的实践案例，推定互惠原则的司法实践尚在摸索中。

由此不难发现，中方当事人通过在马来西亚诉讼的方式寻求纠纷解决尽管具有可行性，但对于大多数案件来看，会遭遇文化、语言、地理位置、时间等方面的阻碍，并且在判决后的实际执行上由于缺乏具体法律依据而可能面临巨大困难，即使能够申请承认与执行，也还面临在他国继续进行另一个诉讼程序的讼累，耗时耗力，因此，诉讼这一纠纷解决途径很难称得上是最佳选择。

（二）**仲裁在解决涉外商事纠纷中的独特优势**

仲裁是当前民商事纠纷解决领域中，尤其是国际商事纠纷解决领域中当事人最热衷选择的争议解决方式。国际商事仲裁是基于意思自治原则设计，对于中国企业来说，通过仲裁方式处理在马来西亚的纠纷，有以下几个方面独特的优势：

1. 当事人可结合自身情况灵活选择。其灵活性包括：当事人可以选择机构仲裁或临时仲裁、依法仲裁或友好仲裁解决纠纷；当事人双方可以通过仲裁协议就仲裁地、仲裁机构、仲裁事项和程序、适用法律等事项进行约定，既可以选择中国或其他国家的仲裁机构进行仲裁，也可以选择在马来西亚的仲裁中心进行仲裁，最大限度地为双方解决纠纷创造便利条件。

2. 由专家断案，专业程度高。仲裁是专家断案，仲裁机构均有专业仲裁员名册可供当事人挑选。就法院法官而言，仲裁员是来自各行各业的专家，具备案件相关领域的专业知识及技能，往往能更聚焦于争议问题的难点解决，为案件最终公正裁决提供了专业的保障。

3. 保密性。仲裁案件以不公开为原则，如马来西亚亚洲仲裁中心2017年仲裁规则中专门列出一条规定了“保密义务”，强调所有当事人、专家、证人及吉隆坡区域仲裁中心都应当就仲裁程序设计的信息保密，可以有效保护企业在解决纠纷过程中因为信息披露导致的次生损害，也有利于维护中国企业的国际形象。

4. 裁决获得承认与执行的便利。马来西亚是1958年《承认及执行外国仲裁裁决公约》（《纽约公约》）的缔约国，其为了落实公约义务，将依照1958年《纽约公约》承认与执行其他缔约国的相关裁决写入了《2005年马来西亚仲裁法》第8章“裁决的承认与执行”部分。马来西亚仲裁法律体系在裁决承认与执行方面已经相对完善，就裁决承认与执行的对象范围、申请文件要求、语言要求、拒绝承认与执行的情形等关键内容进行了明确。马来西亚和中国都是《纽约公约》签约国，在一国做出的仲裁裁决可以通过向另一国当地法院申请承认和执行。对于中方当事人来说，若获取一份马来西亚籍的国际商事裁决，将在裁决跨国承认与执行方面享受公约便利，能够有效维护自身的权益。

综上，商事纠纷在马来西亚解决的主要途径是诉讼和仲裁，但是由于中马两国没有建立互相承认法院判决的机制，中国判决在马来西亚执行存在制度障碍，反之亦然，因此选择诉讼方式对中国企业来说会存在诸多不利。中国企业在处理涉马纠纷过程中，特别是涉及跨国执行的纠纷时，选择国际商事仲裁有较大的优势。但同时也需要注意，参与马来西亚仲裁同样可能存在一定的文化或语言、法律制度等差异带来的障碍，中方当事人不可避免地需要借助精通马来西亚当地仲裁制度的专业人士的支持。

（三）成功解决纠纷的要诀

中国企业在马来西亚投资过程中，应当正确评估风险，并做好包括签订争议解决协议在内的风险防范工作，尤其需要在充分了解可利用争议解决途径的基础上，选择适宜的争议解决途径保护自身合法权益。

1. 权衡利弊，选择最佳解决方案。

诉讼和仲裁者两种常用的纠纷解决方式各有利弊。相较而言，仲裁在保密性、快捷性、专业性和执行层面均具有一定优势，是中方企业的优先选项，此外，马来西亚仲裁制度与世界各国仲裁制度衔接较好，对国际仲裁持较友好的宽松态度。同时，马来西亚也是1958年《纽约公约》的缔约国，其仲裁裁决能够更为便利地在所有《纽约公约》的缔约国得到承认与执行。对中国企业来说，尤其是被申请人一方住所地或者被申请人一方可执行财产所在地在马来西亚境内的商事争议中，从争议解决的便利度以及裁决的可执行性考虑，选择马来西亚仲裁更具有优越性。

2. 熟悉规则，积极参与仲裁程序。

就中国企业而言，首要的是在熟悉马来西亚仲裁制度的基础上，根据企业自身发展情况，结合当地相关法律制度做好规划，为防范或化解涉马纠纷做好法律层面的准备。具体有以下几个方面需要重点注意。

（1）不可或缺的前提条件——仲裁协议。

①仲裁协议的形式要件。

仲裁协议是双方当事人将其在确定的法律关系中已经产生或者将要产生的全部纠纷或者特定纠纷提交仲裁的协议。《2005年马来西亚仲裁法》第9条第1款规定，仲裁协议是双方当事人某种法律关系中已产生或将产生的全部纠纷或特定纠纷提交至仲裁机构仲裁的协议，而无论该纠纷是否是合同纠纷。

在形式有效性方面，仲裁协议必须是书面的，但不一定是合同的形式，也可以是一个单独的协议，而是需要注意的是，仲裁协议书面形式的表现既可以是任何书面协议，也可以是信函、电报、传真或者其他通信形式的交流或者能够证明存在该种协议的书面记录。例如，双方当事人通过数据信息进行的电子通信，如果其中包含的信息能够获得并可以用作后续的参考，则此电子通信也符合书面形式的要求。

②仲裁协议的实质要件。

在实质有效性方面，仲裁协议必须具有可仲裁性。根据《2005年马来西亚仲裁法》第4条和第39条的规定，可仲裁性的要求是约定的争议事项不得违反马来西亚的公共政策，并且争议标能够通过仲裁解决。原则上来说，各类型的商事争议均可提交仲裁解决，但若商事争议涉及特殊事项，则可能面临仲裁协议不具有可仲裁性的风险。因此，当事人需要多方位全面了解马来西亚现行法律和政策，尤其注意争议标是否在马来西亚单行法中被规定为无可仲裁性，同时拟定协议时充分考虑公共政策的限制。

此外，《2005年马来西亚仲裁法》第37条对有效的仲裁协议确定了标准，不满足法定要求的情况下，仲裁裁决将会因仲裁协议的无效而被撤销。有效的仲裁协议，首先是双方当事人必须具有行为能力，当事人行为能力的判断应当根据适用于其本身的法律。在认定仲裁协议效力的法律适用问题上，适用各方当事人所同意遵守的法律，如未查明有这种法律的情况下，则适用马来西亚法律。

附：亚洲国际仲裁中心（AIAC）为当事人提供的示范仲裁条款：

因本合同引起的或与本合同有关的任何纠纷、争议、分歧或索赔，包括本合同的履行、违约、终止或无效，以及任何非合同索赔，均应根据申请仲裁时现行有效的亚洲国际仲裁中心（AIAC）仲裁规则，最终由亚洲国际仲裁中心（AIAC）进行仲裁裁决。

Anydispute，controversy，difference or claim arising out of or relating to this contract，including the performance，breach，termination or invalidity thereof，as well as any non-contractual claims，shall be finally determined by arbitration，administered by the AIAC，in accordance with the AIAC Arbitration Rules in force at the time of the commencement of the arbitration.

AIAC（亚洲国际仲裁中心）具体建议当事人仲裁条款中增加约定：

仲裁地应为［某城市，某国家］

The seat of arbitration shall be［City，Country］

仲裁员的人数应为［……］

The number of arbitrators shall be［...］

仲裁程序中所使用的语言应为［……］

The language to be used in the arbitral proceedings shall be［...］

管辖仲裁条款/提交协议的法律应为［……］

The law governing the arbitration clause/submission agreement shall be［...］

（2）仲裁程序推进中的关键点。

①仲裁请求与反请求事项的处理。

《2005年马来西亚仲裁法》规定，除非另有约定，申请人提起仲裁请求时，需在申诉书中写明仲裁请求，以及支持仲裁的事实和理由等内容，再由被申请人逐项答辩。当事人可同时提交相关文件或附注要提交的文件或证据，在仲裁庭认为合适的时间，当事人可以修改或补充其申请书或答辩状内容。因此，若作为申请人，一定要明确仲裁请求，不要超过双方当事人仲裁协议的约定，从而在根源上避免仲裁庭超裁。若作为被申请人，应注意针对申请人的请求答辩，必要时可提起反请求。

②仲裁员的选任事项。

《2005年马来西亚仲裁法》明确规定了仲裁员选任的相关事宜。在仲裁庭组庭相关规则的适用顺序上，首先以当事人选择为准，当事人的选择既包括自由选择仲裁员人数，还包括自由选择指定仲裁员的程序，且当事人对仲裁员指定程序达成协议可采用两种方式进行：一是在当事人自行协议确定仲裁员人数时一并协议选择仲裁员指定程序；二是在仲裁员人数依仲裁法确定后再达成关于仲裁员指定程序的协议。即使当事人放弃了仲裁员人数确定方面的自由选择权，也并不代表同时放弃对仲裁员指定程序的自由选择权。在当事人的选择无法组成仲裁庭时，则由仲裁中心主任在不同情形下分别指定首席仲裁员或独任仲裁员，若30日内仍无法指定仲裁员再由高等法院指定，但机构中心主任和高等法院的指定权限必须要依据当事人的申请行使。

③证据及质证事宜。

各方当事人可以协商举证时限，或在协商不成时，在仲裁庭决定的期间内提交支持己方申诉或反驳对方申诉的各种证据，仲裁庭应将一方当事人提交的一切陈述书、文件或其他资料，送交他方当事人，任何仲裁庭可能据以做出决定的专家报告或证据性文件应送交各方当事人，当事人应在开庭时出示证据和进行质证，约定不开庭的可约定进行书面质证。

④审理方式的选择。

根据马来西亚仲裁法规定，除非当事人另有约定，应当由仲裁庭决定审理方式；除非双方当事人协议约定不开庭，否则仲裁庭应在仲裁程序进行中的适当阶段开庭。若当事人对是否应当开庭审理没有约定的，首先由仲裁庭自主决定仲裁适用开庭审理还是书面审理，但仲裁庭在接到当事人的申请后，应当在仲裁程序进行中的适当阶段开庭审理，这种申请不必双方当事人达成合意，可由任何一方当事人单独提起。

⑤临时措施的申请——仲裁保全。

在国际商事仲裁中，如果当事人得不到必要的临时措施支持，或虽然得到了但不能确保其有效执行，那么即使在仲裁中得到一个有利的终局裁决也变得毫无意义。马来西亚仲裁法规定，不仅仲裁地位于本国的仲裁庭且仲裁地位于外国的仲裁庭命令采取的临时措施都可得到马来西亚法院的承认与执行。采取临时措施，是法院与仲裁庭并存的权力。在仲裁程序开始之前或进行期间，高等法院可根据任何一方当事人的申请采取任何措施且就特定事项做出命令；除当事人另有约定外，仲裁庭有权命令采取临时措施。如当事人向法院提起临时措施申请，但仲裁庭已就与申请事项有关的问题做出裁决，则法院应将其直接作为采取临时措施的依据。因此，在商事纠纷解决的过程中，当事人应当熟悉临时措施的规则，根据不同时期的情况向有权限的主体申请相应的临时措施，以便全面保障自身合法权益。

（3）仲裁裁决做出后的关注点。

就中方企业而言，仲裁裁决做出并不代表维权目的的真正实现，仍然需要重点关注相关程序的参与。一方面是仲裁裁决的撤销问题，另一方面是裁决的承认与执行问题。此问题将在下一节内容阐述。

3. 小结。

由于法律体系、语言文化、历史传统等差异的影响，在马来西亚解决商事纠纷的依据及方式有别于国内纠纷，中国企业在境外投资过程中，作为国际商事法律关系的当事人，往往面临更多未知的风险与阻碍。一方面要重视纠纷解决条款的签订，尤其需要重视对争议解决事项的明确，特别是极易被当事人“忽视”的有“午夜条款”之称的仲裁条款的拟定，提前做好风险防范；另一方面要了解马来西亚仲裁法律制度，积极利用相关规则维护自身权益，通过参与程序、利用程序寻求公平合理的争议解决结果。除此之外，也要重视寻求专业人士的指导，法律领域专业程度较高，尤其国际商事仲裁领域涉及内容广泛、专业术语复杂，在寻求通过仲裁途径解决商事纠纷时，往往需要借助中外律师的合作以最大限度地维护自身合法权益。

第二节　中国与马来西亚之间仲裁裁决的承认与执行

裁决是否能得到有效执行是任何纠纷解决机制的核心问题之一。外国仲裁裁决的承认与执行是一国仲裁法律制度中的重要内容，关系仲裁当事人权利义务的落实，对于有效解决当事人争议有着重要意义。依照马来西亚现行仲裁法的相关立法实践，目前关于外国仲裁裁决的规定主要集中在《马来西亚判决互惠执行法》（2006年修订）、《纽约公约》、《2015年马来西亚仲裁法》三个法律文件中。

一、承认与执行仲裁裁决的依据

外国仲裁裁决在马来西亚寻求承认执行时，因裁决做出地的不同，存在适用不同的承认与执行仲裁裁决依据的可能。概括来说，马来西亚目前主要有两类承认与执行外国仲裁裁决的依据。

（一）依《马来西亚判决互惠执行法》（2006年修订）承认与执行的仲裁裁决

1958年出台的《马来西亚判决互惠执行法》对马来西亚与部分国家和地区之间的特定三类仲裁裁决的承认与执行进行规定，允许部分符合条件的仲裁裁决经高等法院审查登记并予以执行。根据该法，可以与马来西亚依照互惠原则进行仲裁裁决相互承认执行的有英国、新加坡、新西兰、斯里兰卡、印度、文莱等国家和中国香港地区。

（二）依《纽约公约》承认与执行的仲裁裁决

马来西亚是1958年《纽约公约》的缔约国之一，为了履行公约义务，马来西亚议会曾在1985年颁布《承认及执行外国仲裁裁决公约法》就相关问题进行专门规定。该法为马来西亚承认与执行其他《纽约公约》缔约国仲裁裁决、落实《纽约公约》义务提供了国内法依据。《2005年马来西亚仲裁法》第38条第（4）款明确：根据本公约，"外国"是指《纽约公约》的缔约国，即《2005年马来西亚仲裁法》将承认与执行外国仲裁裁决的范围限定为其他《纽约公约》缔约国做出的仲裁裁决。马来西亚关于外国仲裁裁决的承认与执行的内容集中体现在《2005年马来西亚仲裁法》第8章"裁决的承认与执行"部分第38条和第39条。这些规定对裁决承认与执行的对象范围、申请文件要求、语言要求、拒绝承认与执行的情形等关键内容进行了明确，形成了马来西亚承认与执行仲裁裁决制度的基本框架。

需注意的是，马来西亚亦对《纽约公约》的适用做出了互惠保留和商事保留，该两项保留的含义与中国做出的保留声明基本相同，不同之处在于商事保留中的商事关系的认定需依照马来西亚的法律确认。

二、申请承认与执行仲裁裁决的程序

根据《纽约公约》第4条和第5条及中华人民共和国最高人民法院《关于执行中国加入的〈承认及执行外国仲裁裁决〉的通知》的第4条和第5条，当事人申请中国法院承认和执行在另一缔约国领土内做出的仲裁裁决，应由仲裁的一方当事人提出，当事人应当提交经中国驻外使领馆认证或经中国公证机关公证的仲裁裁决书的中文文本。按照《中华人民共和国民事诉讼法》第246条规定，当事人申请执行的期间为从裁决书规定的履行期间的最后一日起计算的2年内。中国有管辖权的人民法院在接到一方当事人的申请后，应对申请承认与执行的仲裁裁决进行审查。经审查，如果人民法院认为裁决不具有拒绝承认与执行的法定事由的，应裁定承认其效力，并依照《中华人民共和国民事诉讼法》中规定的程序予以执行；反之，人民法院应裁定驳回当事人的申请，拒绝承认与执行。

需注意的是，在中国需要严格遵从拒绝承认和执行外国仲裁裁决的报告制度。1995年中华人民共和国最高人民法院《关于人民法院处理与涉外仲裁裁决及外国仲裁事项有关问题的通知》指出，凡一方当事人向人民法院申请承认和执行外国仲裁机构的裁决，如果人民法院认为申请承认和执行的外国仲裁裁决不符合中国参加的国际公约的规定或者不符合互惠原则的，在裁定拒绝承认和执行之前，必须报请本辖区所属高级人民法院进行审查；如果高级人民法院同意拒绝承认和执行，应将其报最高人民法院。待最高人民法院答复后，方可裁定拒绝承认和执行。

对于在马来西亚申请承认与执行中国仲裁裁决来说，根据《2005年马来西亚仲裁法》第38条的规定，申请执行公约裁决的当事人必须提供正式认证的裁决书原本和经认证的副本，以及最初的仲裁协议或者其经认证的副本。裁决如果不是用马来语或英语写成的，则必须将其翻译成英语，而且必须由《纽约公约》缔约国的公证机构或者外交及领事机构进行证明，但马来西亚没有类似中国的层级报告制度。

三、拒绝承认与执行仲裁裁决的事由

（一）中国法院拒绝承认与执行涉外仲裁裁决的事由

根据《中华人民共和国民事诉讼法》第290条规定，对于国外仲裁机构的裁决，需要中国法院承认和执行的，应当由当事人直接向被执行人住所地或者其财产所在地的中级人民法院申请，人民法院依照中国缔结或者参加的国际条约，或者按照互惠原则办理。我国是《纽约公约》的缔约国，根据该公约，拒绝承认及执行仲裁裁决的情形有：（1）缺乏有效的仲裁协议；（2）被申请人未得到制定仲裁员或进行仲裁的适当通知，或者由

于其他原因未能提出申辩；（3）裁决的事项超出了仲裁协议约定的范围；（4）仲裁庭的组成或仲裁程序与当事人的协议不符，或在双方当事人无协议时，与仲裁地国家的法律不符；（5）仲裁裁决对当事人尚未发生法律拘束力，或裁决已被仲裁地有关当局依法撤销或中止；（6）争议事项，依据执行地国家的法律不能以仲裁方式解决；（7）承认与执行此项裁决将与执行地国的公共秩序相抵触。

（二）马来西亚法院拒绝承认与执行涉外仲裁裁决的事由

马来西亚同为《纽约公约》的缔约国，除根据《纽约公约》拒绝承认与执行外国仲裁裁决的事由外，《2005年马来西亚仲裁法》第39条规定，拒绝承认与执行仲裁裁决的事由可分为两大类情形：

第一大类是由申请方当事人负责举证，即证明存在下列七种情形之一：（1）仲裁协议一方当事人在签署仲裁协议时无民事行为能力的；（2）根据当事人选择适用的法律，仲裁协议无效的；（3）申请人未收到关于仲裁员任命或仲裁程序的通知，或未能陈述案件事实的；（4）裁决涉及仲裁条款无权管辖的争议事项的；（5）裁决内容超出了仲裁申请的范围；（6）仲裁庭的组成或者仲裁程序不符合当事人双方协议的，除非该约定与仲裁法的强制性规定相冲突；（7）裁决尚未对双方当事人生效，或已被裁决做出国所在地法院撤销或中止的。

第二大类是由高等法院进行审查，即审查查明存在下列两种事实之一：（1）根据马来西亚法律，裁决事项不能由仲裁程序解决；（2）仲裁裁决违反了马来西亚的公共政策。

案　例：诉讼及仲裁解决合同纠纷的实践

案例1：马来西亚A公司诉中国B公司合同纠纷诉讼案

一、案情介绍

2005年，马来西亚A公司与中国B公司合作跟进马来西亚某工程项目的投标，双方就此签订了合作协议。2010年，该工程项目由中国C公司中标（C公司与B公司都属于中国Z集团公司的子公司）。马来西亚A公司对此不满，认为中国B公司在未取得其同意的情况下向C公司提供了相关设计建议书，并与C公司共谋侵害A公司的利益。2011年，A公司遂以违约、违反信托义务、共谋欺诈等为由，将B公司、C公司、C公司在马来西亚当地的合作伙伴D公司及Z集团公司诉至吉隆坡高等法院（后原告撤销了对C公司及Z集团公司的起诉），要求被告赔偿损失及费用1.15亿林吉特（当时约合3700万美元）。

二、法庭审理过程及判决

2015年9月，吉隆坡高等法院一审判决认定，原告马来西亚A公司是相关设计建议书的共有人，根据双方合作协议约定，被告中国B公司在未取得A公司同意的情况下，将设计建议书交予C公司及D公司，因此B公司构成违约，支持A公司要求B公司及D公司赔偿其损失的请求。中国B公司认为一审判决事实认定错误，且法律适用不当，2015年11月向吉隆坡上诉法院提起了上诉。其间，马来西亚A公司通过其律师向中国B公司提出由B公司给付A公司1000万美元的和解方案。B公司认为一审判决有法律上的漏洞，即便败诉，具体损失金额的认定也并非易事（具体损失金额是根据单独的损害赔偿评估程序确定），因此，B公司针对A公司的和解方案提出大幅降低和解金额，被A公司拒绝，双方和解破裂。后上诉程序经两次开庭审理后，2018年5月吉隆坡上诉法院做出判决认为，一审法院对合同内容的解释有实质性错误，该错误足以推翻其判决，二审判决支持B公司的上诉请求，全面驳回了A公司的索赔请求。由于马来西亚实行三审终审制度，A公司对二审判决不服，2018年6月又向终审法院马来西亚联邦法院提起上诉。2019年2月，马来西亚联邦法院以没有新的法律问题需要审理为由，裁定驳回了A公司上诉，最终该案以中国B公司胜诉结案。

三、案例启示

1. 由于马来西亚实行三审终审制，在马来西亚通过诉讼解决纠纷的周期长、环节多，纵观此案，从一审败诉，到二审转败为胜，至三审保持胜利，前后历经了8年时间。

2. 优秀的应诉团队和内外部专业人士的良好合作是本案胜诉的关键。此案一审失利后，为扭转不利局面，B公司应诉团队总结经验调整策略，更换了代理律师，聘请了诉讼经验非常丰富、诉讼技巧娴熟的律师作为二审代理律师。此外，为便于与马来西亚律师沟通，公司还聘请了英美法知识及实践经验丰富的中国律师作为内部咨询顾问，国内外律师团队的通力合作是本案二审制胜的关键。

3. 注重研究马来西亚诉讼制度。尽管马来西亚的诉讼制度为三审终审制，但由于当事人向联邦法院上诉必须满足极为严苛的条件才会被立案，二审往往成为实际意义上的终审，因此，必须高度重视二审，把二审当作终审对待，争取有更为有利的结果。

4. 妥善应对赔偿金额的评估确定程序。根据马来西亚法律，赔偿金额的评估确定通需要过独立程序完成，对评估决定也可以上诉，所以同样应该重视赔偿评估程序的应诉。此外，赔偿评估程序的恰当运用可为案件进程提供缓冲。

案例2：马来西亚甲公司与中国乙公司的仲裁合同争议案

一、案情介绍

马来西亚甲公司为其海外某项目进行招标，中国的乙公司中标后，两公司签订了合同，甲公司支付了相应定金。但之后，乙公司以政策变化为由拒绝履行合同。甲公司对乙公司提起仲裁，乙公司反驳称双方签订的合同中并不存在对仲裁的约定，甲公司的仲裁请求无事实依据并请求高等法院做出禁令，禁止甲公司继续仲裁程序。高等法院做出禁令后，甲公司不服，就此上诉至上诉法院。上诉中，乙公司认为，在双方最终签署的合同中，并无仲裁事项的约定。甲公司则主张，虽然最终合同上无特定“仲裁条款”，但其他与本合同有关的文件中已约定了仲裁，应依据相关文件上的仲裁条款对争议事项进行仲裁。

二、法庭观点及判决

上诉法院依据《2005年马来西亚仲裁法》对相应争议进行了分析。根据《2005年马来西亚仲裁法》第9条第5项规定，合同当事人若已于合同相关的文件中约定了仲裁条款，则该合同适用仲裁法相应规定。若合同文件为书面文件，且其中的“仲裁条款”指向相应合同的具体事项，则合同涵盖文件项下的仲裁条款，属于合同的组成部分。据此，法庭认为：“仲裁协议”不仅可以依据合同自身仲裁条款，也可依据其他关联文件中的相应约定。甲公司与乙公司先前在其他仲裁文件上约定了仲裁条款，且约定的事宜为最终签订的合同的具体内容。该类文件分别约定了可选择英国、加拿大等国家和中国香港地区作为仲裁地。综上，双方发生争议，应依据具体争议事由，选择合适的仲裁机构进行仲裁。因此，法院判决：双方之间存在仲裁协议，应按照争议具体内容在合适的仲裁机构进行仲裁。判决做出之后，甲公司与乙公司在中国香港对其合同项下的纠纷进行了仲裁。

三、案例启示

外国企业与马来西亚企业的贸易往来需关注争议解决途径的选择。若最终签署的合同未阐明争议解决途径的选择，相关企业不得就此认为对争议解决无事先约定，依据马来西亚的法律法规，法院在判定是否存在仲裁协议时往往看重双方事前是否有事实上的约定，而非仅仅依据最终签订的合同。中国企业在马来西亚进行投资时，应对投资、贸易的具体内容进行分析，选择出有利于自身的争议解决方式，在文件或者合同中提前与对方约定，防患于未然。选择仲裁方式解决争议的，如条件成熟，应提前与对方约定好仲裁地，以防止地方保护，保证企业在争议发生后具有主动性。

第九章
中企在马来西亚园区投资的策略选择

怎样到RCEP成员国投资
马来西亚篇

截至2021年底，马来西亚设立了20个自由商业区及多个自由工业区，并开展了5个经济特区项目。作为企业海外投资、生产经营的优质平台，这些工业园区将会给入驻企业带来诸多便利。一方面，工业园区在地理位置、运输网络、基础设施等方面均具备一定的优势，这给企业带来运输便利、减少运输成本的同时，也保证企业顺利运营，给企业在投资运营中获得更多可选择的余地；另一方面，园区可以吸引产业链上下游企业汇集，形成集聚效应，并借此获得更好的政策支持，相较于园区外经营可享受更低税费优惠，从而减轻经营成本负担。当前，中国与马来西亚在园区合作方面有着较好的基础，也取得了一定的成绩。十年间，中马“两国双园”模式，不仅开创了中国与东盟国家在对方互设产业园区的先河，从昔日一片荒山地蜕变为现代化国际园区，还代表了“一带一路”产业合作新模式，成为“中国—东盟合作示范区”和“陆海新通道重要节点”。其中的马中关丹产业园区，不仅在近年来马来西亚政局频繁更迭中基本未受影响，还在新上任政府的认可与支持下不断加速发展，为推动马来西亚的招商引资及可持续发展做出了重要贡献。而位于马来西亚砂拉越州的江西（马来西亚）现代农业科技产业园，则在农产品收储和交易、食品加工和科技研发等领域发力，发展态势良好。

第一节　选择去园区投资的原因

一、减少成本之妙招

当企业到国外投资，会考虑一系列投资问题，具体包括以下这些方面（见表1）。由于许多国家在土地、水电等领域采取市场化运作模式，且较为看重公民对土地的所有权，再加上地方政府在招商引资过程中的权力有一定限制，企业难以如在国内投资一般会获得地方政府给予“三通一平”或“五通一平”的实质支持，又或者做出类似的承诺，但建设过程非常缓慢，甚至出现企业已经开始投产但道路等基础设施建设尚未完工的窘境。同时，地方政府在优惠支持、行政效率、政策沟通等方面也未能达到国内地方政府的同期水平。这些都会使企业投资带来额外的成本。

表1　中国企业在海外投资过程中经常遇到的投资问题

类别	关键领域	
政策	国际条约	政策稳定
	法律健全度	行政审批程序
硬件	市场准入	土地使用和开发
	项目风险管控	退出机制
产业	贸易便利化	知识产权与许可
	技术标准与规范	服务贸易

续表

类别	关键领域	
融资	融资模式	信用担保
	政府履约	外汇管制
管理	宗教信仰	文化差异
	环境保护	劳工权利

借助工业园区这一平台，首先，企业能够获取较好的战略位置。“选好址是成功的第一步”，许多工业园区位于多个主要城市中心之间或靠近铁路、高速公路等基础设施，将为企业增加潜在消费者群。其次，使用运输网络的便利。工业园区通常结合不同的货物运输选择，在同一区域包括生产、运输和储存设施的组合，一些工业园区提供通往深水港或机场的通道，而其他综合体则提供通往铁路网络或几条主要高速公路的通道。再次，能够确保其获得运营相关资源的保证。水、天然气和电力供应通常不是问题，污水系统也适用于处理大量废水，而且若园区以上下游产业链为建设目标，那么一个行业的接近程度有利于下一个行业，一个特定部门的成品可以是另一个部门的原材料，这样这两个行业都位于同一个综合体中，运输和运营成本就会大大降低。最后，更为低廉的税费。许多园区业主可以提供比城市地区更低的价格，或为建设提供融资选择，例如免除土地运营前五年的市政税。

二、入乡随俗之捷径

由于国外市场在政治、经济、文化、社会习俗等方面都与中国存在较大差别，企业“走出去”必须“入乡随俗”，从产业链到服务链再到价值链都需要加强与当地的合作，开展“本地化”建设。因此，企业要想真正地在当地获得认同并取得成功，融入当地社会是非常有必要的。实施“本地化”策略亦是企业“走出去”的必经之路。然而，因“一带一路”沿线国家的经济发展水平和国情差异较大，企业当前的“本地化”建设往往受困于沿线国家的具体国情。比如，中国企业套用国内经营方式或者先进高效的劳工模式，都会引发当地企业对其“本地化”的怀疑和担忧，甚至会激发彼此矛盾，加大劳工关系摩擦的可能性以及用工的难度。

因此，借助园区设立完备的法律、通关、金融等服务体系，可以让企业更好地遵循东道国对自身发展的计划和战略，尤其要避免“东道国唯利益论”的误区，从而在企业选择入驻东道国时，既应是高技术和高标准，又应当能够增加东道国就业机会，提升东道国本地劳工技术能力，更能推动当地社区的良性发展。这样，当地政府才会有更好的合作意愿，一方面会主动协助企业融入当地社区，让当地人看到该项目的光明前景，积极参与项目建设；另一方面也有利于增加当地人对中国技术的信赖与认可，放宽对中国劳务输入的管制。经过园区的支持，企业也会更加顺利地专注在自己的优势上，融入当地经济环境，而不是遭遇“异国窘境”。

三、抱团出海之良方

对中国企业来说，产业社区其实是产业聚集之所。中国企业“走出去”与其单打独斗，不如“抱团取暖”。尤其是在“一带一路”倡议提出后，海外产业园区在沿线国家进入了快速发展阶段。海外产业园区多由中外两国政府或企业共同推动、合作建设，可为“走出去”的中国企业在海外小范围内打造相对较完善的基础设施，争取更具有吸引力的优惠政策和营商环境，提供更完善的要素配套服务，降低企业“走出去”门槛。中国企业还可通过园区所在市场辐射周边国家和地区，拓展更多海外市场。

由于园区企业数量多、需求大，许多企业是劳动密集型的，园区可以为企业创造更多的就业机会并增加劳动力的流动性，因此给当地带来更多的就业岗位。对于当地来说，这些产业园区将是“强心剂”，为当地经济带来新的增长点，持续推动科技和人才的“本地化”进程，利用中国的优势产业，推动当地的产业升级，联动提升基础设施、教育、文化等方面的发展。可以说，园区促进了与东道国在政治、经济、社会、文化等领域的深入合作，密切双方联系，得到东道国政府和社会民众的认同，成为我国发展模式、管理理念、文化和价值理念等软实力输出的重要渠道和“走出去”的重要名片。

四、加快“一带一路”建设之助力

中国境外经贸合作区是以国内企业为主体，通过谈判的方式与东道国政府签订协议，在协议限定的区域内投资并建设成的产业链完整、集中度高、公共服务功能健全、管理模式便捷高效的产业园区。境外产业园是“一带一路”建设的重要组成部分，也是中国与沿线国家进行经贸往来的平台，还是国际经济交往中最具有潜力的一环。

自“一带一路”建设实施以来，中国境外产业园的数量呈稳步增长趋势。从地理位置分布来看，“一带一路”沿线园区绝大多数位于经济相对欠发达的国家和地区，且主要集中在东南亚、非洲、中亚—东欧地区三大区域，分别占园区总数的32. 50%、31.25%、23. 75%。

就东南亚地区而言，除去新加坡、菲律宾外，我国在东南亚8个国家均建设有园区。我国所设立的园区与这些国家的经济特点有着一定的关系(见表2)。从地域分布上看，我国在印度尼西亚投资建设的境外园区数量最多，其原因在于印度尼西亚自身市场规模大、销售机会多、自然资源丰富和劳动力成本较低。从产业定位上看，园区以加工制造业、资源利用和农业开发居多，且以劳动密集型企业为主。从园区业主上看，民营企业和地方国企是主要建设力量。从园区建设背景来看，民营企业更倾向于借助园区来转移自身富余的产能，以此缓解国内激烈的竞争压力，并尝试开发新市场；地方国企境外建设目的亦与民营企业类似，其积极响应国家政策，借园区建设而在东南亚布局。

表2　中国企业在东南亚地区建设的主要园区

园区名称	重点产业
文莱大摩拉岛境外经贸合作区	炼油和化工品
华夏幸福印尼卡拉旺产业新城	制造业
中国·印尼经贸合作区	汽车装配、机械制造、家用电器、精细化工及新材料等
中国·印度尼西亚聚龙农业产业合作区	以油棕种植开发、精深加工、收购、仓储物流为主导的农业产业型园区
中国印尼综合产业园区青山园区	镍矿的采掘、出口及镍铁冶炼产业
西哈努克港经济特区	前期以纺织服装、箱包皮具、五金机械、木业制品等为主要产业，后期将发挥临港优势，重点引进机械、装备、建材等产业
柬埔寨—中国热带生态农业合作示范区	生态农业
中国·老挝万象赛色塔综合开发区	林木加工、农产品加工、轻工纺织、机械制造、房地产开发、综合服务业
老挝—中国现代农业科技示范园	水产养殖、种植（水稻等）、农业技术服务等
马中关丹产业园	钢铁及有色金属、装备制造、清洁能源、石油化工、建材等产业
江西（马来西亚）现代农业科技产业园	农产品
泰中罗勇工业园	汽配、机械、建材五金、电子电气
龙江工业园	电子、冷却设备等行业，机械装配工业，木材制品行业，生产家用品、家用设备行业，橡胶行业
中国·越南（深圳—海防）经贸合作区	轻工

由于人力和土地成本的优势，东南亚地区已经成为世界第四次产业转移的主要转入地。因地缘优势和政治关系，东南亚地区也成为中国产业园区“走出去”的重要区域。

第二节　马来西亚的产业园区概况

为了鼓励与欢迎外资投资发展劳动密集型和出口导向型工业，马来西亚于1968年制定投资奖励法案，1971年制定自由贸易区法案，1972年修订海关法中相关条款实施保税工厂制度，从而基本上完备了以外资企业为中心发展劳动密集型和出口导向型工业的经济体制。在1990年自由贸易区法案之前，马来西亚的自由工业区（FIZ）开始是自由贸易区（FTZs）。马来西亚政府在1990年制定了自由区法、1991年制定自由区条例，以促进旅游业、制造业等以贸易为目的的免税区经济的发展。自由区的建立是为了促进出口导向的制造活动，鼓励贸易活动，包括贸易、散装、分级、重新包装和标签。同时，自由区旨在吸引投资者、外国游客和当地游客。在自由区进口、生产、制造或供应的商品和服务免征关税、消费税、销售税或服务税。根据《2019年马来西亚海关法（修正案）》第（1B）（a）条的规定，自由区是指马来西亚的任何地区，不包括主要关税区（PCA）、纳闽、兰卡威、刁曼和邦咯岛。

其中，自由商业区被允许开展贸易活动，而自由工业区被允许开展制造活动。与自由工业区类似，自由商业区对所有再出口或重新包装以出售给其他消费者的进口产品免征关税、销售税和服务税。在自由商业区设立的企业通常享有与在自由工业区设立的企业相同的利益。但是，在自由商业区中进行的商业活动的性质不同于在自由工业区中进行的那些活动的性质。自由工业区专注于商品制造和其他工业活动，而自由商业区则专注于货物到其他地点的贸易和运输。

对于该区域的管理机构，该法第3（1）条第3节规定，财政部部长可以任命任何政府机构或私人实体为自由区管理局。自由区管理局的职能包括规范自由区的法案和条例、促进贸易、就自由区的程序向港口用户提供建议，以及向相关方提供统计报告。

一、自由商业区

（一）概述

自由商业区（Free Commercial Zone，以下简称FCZ）的最初创建旨在提供机会满足贸易和增值活动日益增长的需求。因此，这种形式将使跨国公司能够增强其竞争优势并更好地控制其分销系统，促进其扩大生产设施并从规模经济中受益。因此，FCZ的建立也寻求促进马来西亚经济的制造业和贸易部门的互补发展。

根据《2014年马来西亚商品及服务税法》第XV部分，自由商业区被视为主要关税区（PCA）以外的地方。截至2020年1月1日，马来西亚的FCZ共有20个。其中，柔佛州5个，吉兰丹州2个，槟城州3个，吉打州2个，雪兰莪州5个，登嘉楼州、彭亨州与吉隆坡联邦直辖区各1个。为方便货物和产品的运输，马来西亚的大多数FCZ一般位于港口和机场附近的外部区域。然而，一些自由贸易区并不设在港口和机场，例如柔佛的Stulang Laut自由区、吉打的Bukit Kayu Hitam自由区和吉兰丹的Rantau Panjang自由区。

根据《1990年马来西亚自由区法》第10（1）条，财政部部长允许该法案第一附表规定的商业活动在FCZ进行，除进出口活动外，还包括分销、贸易、整合、储存和转运，无须支付关税、消费税、销售税或服务税。此外，自由贸易区还开展增值活动，例如货物的散装、分级、重新贴标签、重新包装和转运。根据《1990年马来西亚自由区法》第6A条，财政部部长可批准在某些自由贸易区进行零售贸易活动，例如在吉兰丹的Rantau Panjang自由区、吉打的Bukit Kayu Hitam自由区和柔佛的Stulang Laut自由区。

根据相关规定，在FCZ可以获得以下优惠支持（见表3）。

表3 马来西亚自由商业区的主要优惠支持政策

序号	优惠支持内容
1	取消对随后在区内再出口或销毁的商品征收的关税
2	外国货物的递延关税，直到它们离开该区域为止
3	简化的文件和程序
4	货物是根据价值加上海运来投保的
5	在支付关税或消费税之前接受货物
6	在支付关税之前无限期地等待更容易接受的样品的货物存储
7	重新贴标签和包装货物以符合当地标准
8	能够展示和销售商品，并在缴税前提取样品
9	允许免费获得商品和保税活动
10	打捞或修理损坏的商品
11	鼓励商业活动，包括贸易、散装、分级、重新包装、重新贴标签和过境货物
12	提供一个安全可靠的环境
13	提供一个自由的环境
14	通过它的港口和机场连接全球连接
15	符合全球化的优良基础设施
16	战略性地位于国家、区域和全球
17	以具有竞争力的价格获得优质的人力资源

根据《马来西亚商品与服务税法》第162（a）小节，任何货物进口到FCZ时均无须缴纳GST，无论自由区是否位于港口或机场，前提是此类货物用于商业或零售根据1990年自由区法批准的贸易活动。此外，根据仓储计划对任何进口货物暂停征收商品及服务税，如果货物后来从该计划下

的任何“合格仓库”中移除，例如保税仓库、内陆清关仓库或免税店FCZ或从指定区域进入FCZ。其中，丹戎帕拉帕斯港自由区和巴生港自由区最受欢迎。

（二）**丹戎帕拉帕斯港自由区**

丹戎帕拉帕斯港自由区（Port of Tanjung Pelepas，又称PTP）位于马来西亚柔佛州西南部蒲莱河的东出口，是马来西亚柔佛新山区的一个集装箱港口，是全球码头网络公司APM码头的一部分。

PTP在1999年10月10日为期三个月的试运行中开始其首航，其良好的性能决定了港口的命运，创造了增长最快的港口的新世界纪录：在开航后571天内处理集装箱100万标准箱。2000年3月13日，PTP港口正式启用。2002年初，马来西亚政府又划拨给PTP港口600英亩（约2.43平方公里）土地，专门用于港口集装箱运输业的发展。仅仅用了4年时间，该港集装箱吞吐量就由0发展到400万标准箱。PTP靠近最繁忙的国际航线，拥有让船只轻松停泊的自然景观，为周边国家和地区的货物运输和配送提供了便利。丹戎帕拉帕斯自由区港口也可通过公路前往3个国际机场。此外，自由区与周边国家和马来西亚各州有良好的联系。具体来说，它通过主要高速公路与新加坡相连，并通过铁路终点站与泰国南部相连。与该港连接的南北高速公路可直接通向泰国边界，全长31. 5公里的港口铁路与马来西亚国家铁路枢纽相连接。马来西亚投资发展局已为在自由区内从事制造和物流业的外国公司引入了税收优惠和投资激励措施，还提供用于重新分配和重新包装货物的仓库和设施。因此，它是建立区域配送中心和制造公司的有吸引力的地点。

PTP港口属于马来西亚自由贸易区，有400英亩（约1.62平方公里）的土地专门用于集装箱货物配送、物流链服务管理、货物仓储，是开展集装箱拼箱业务、经营国际采购中心、地区物流配送中心与配送服务的最理想地方。

作为马来西亚最先进的集装箱港口，PTP吸引了包括马士基航运、长荣海运在内的大客户。现在的PTP港口，不仅仅是马来西亚最大的集装箱港口，在不久的将来，还会发展成为东南亚地区规模最大、集装箱运量最多的集装箱运输和中转枢纽港口。

在接下来的15年内，PTP将会投入86亿林吉特用于扩建港口，扩建港口将有助于PTP保持市场地位并进一步与新加坡港竞争。

（三）**巴生港自由区**

巴生港（Port Klang）是东南亚第二大港口，也是马来西亚最大货运港口，更是马来西亚在马来西亚半岛西海岸和马六甲海峡的海上门户之一，距离巴生市约6公里，与马来西亚首都吉隆坡的公路和铁路相连接。

巴生港自由区被视为自由商业区和自由工业区，是马来西亚政府着眼于全球穆斯林市场的开发与拓展，为货物和产品的分销提供最先进的设施创建的一个极具特色的超大型国际自由贸易经济区。其占地面积1000英亩（约4.05平方公里），区内完善的配套措施、优惠的投资奖励政策、一站式的快捷便利服务，吸引以中国商家为主体的外国出口商前来巴生港自由区投资各类转口贸易、生产加工等新兴产业基地。

作为马来西亚国内首个综合工业与商业的巴生港自由区，自2006年开始营运，已从初始空荡荡的情况，发展至目前的“一地难求”。除了货物进出口可豁免关税（只要货物不是进入本地市场）这一最大功能，巴生港自由区的货物流通是非常顺畅的，文件呈报程序也没用到海关文件，这对国际贸易商家具有非常大的吸引力。

巴生港自由区由八大功能区组成。

第一，国际会展中心。设在巴生港自由区内的国际会展中心占地面积14000平方米，是一座独立式的现代一体大厅，厅内可布置700个展位，每月有能力举办三次大中型展览会，每年举办一次影响全球穆斯林市场的世界性穆斯林产品博览会。

第二，国际产品代理中心。设在巴生港自由区内的国际产品代理中心占地面积8万平方米，拥有4栋商业大楼，可为国际商家提供产品展示展销的国际标准展位（3米×3米）4000个。国际产品代理中心力求为各类出口产品提供全天候“永不落幕”的展览会。该中心采用集团化代理销售机制，以一站式的优质服务打造东盟唯一的清真产品交易地、亚洲最大的清真产品转运中心及世界穆斯林产品集散地。

第三，国际轻工产品加工中心。设在巴生港自由区内的国际轻工产品加工中心拥有512间工业标准厂房（每间514平方米），可满足各类出口厂家进行生产加工、分装包装等各类转口贸易需求。预留的295万平方米商业发展土地（已完成“三通一平”）为各类大型项目在巴生港自由区的投资发展提供了商业空间。

第四，国际清真产业发展中心。巴生港自由区内的清真产业加工中心拥有72间标准厂房、22300平方米商业用地，是东盟区域内最大的清真产业加工中心。另于巴生港自由区外设有“国际清真贸易与咨询中心”，为世界各类清真产品获得马来西亚国际清真认证提供相关服务。

第五，国际接待中心。国际接待中心为26000平方米的国际四星级酒店。该酒店可为来自世界各地的厂商与采购商提供全方位的商业与生活配套服务，可一次性接待十几个大型商贸团队，每年可接待国际访客近10万人。

第六，金融与财务服务中心。为保障该采购中心的良好运营，在马来西亚政府的牵头和支持下，有超过三家以上的银行与金融机构落户巴生港自由区内。该中心内设立财务核算中心，为各入驻企业提供合同签订、仓储物流、保管结算、投资评估等业务。

第七，国际物流中心。巴生港作为位于马六甲海峡咽喉位置的国际大港，早已成为世界航运及贸易的物流枢纽中心。巴生港自由区内的物流中心拥有现代化管理水平的库房150间，每年可提供200万～300万吨的货物转运服务。

第八，综合服务中心。综合服务中心拥有43000平方米的国际化标准停车场，可停车近2000辆。标准化美食中心及其他各类配套服务，并备有40辆公共交通巴士，都将为前来贸易中心的各类人员提供全方位的服务。

占地面积1000英亩（约4.05平方公里）的巴生港自由区被划分为商业区及工业区，除了前述的商业区之外，位于区内的工业区则再被划分为供长期租赁的空地628英亩（约2.54平方公里），以及512个轻工业单位。截至2020年，已有168家企业进驻巴生港自由区，其中22家企业属于制造业，其余146家企业属于物流、仓储及加工等行业；512个轻工业单位使用率高达92%。

二、自由工业区

自由工业区（Free Industrial Zone，以下简称FIZ）是特别为制造业者从事生产或装配主要供应外销产品而设置的区域，区内企业可享受最低的关税管制，并可免税进口生产所需的原材料、零部件和机械设备，减少其制成品出口的手续。

马来西亚FIZ主要面向生产出口商品的企业。在马来西亚FIZ设立的公司必须出口至少80%的产品和原材料，除非它已获得国际贸易和工业部的批准，将其出口要求降低到60%。在FIZ设立的好处包括免税进口特定原材料和设备，以及免除这些物品的销售税、消费税和商品及服务税。需要注意的是，如果该进口特定原材料和设备并不直接用于制造，那么这些物品不能免税。由于马来西亚FIZ被视为国外区域，因此任何从FIZ运出并进入马来西亚其他地区的货物都将被视为进口到该国，并在马来西亚缴纳相关关税和销售税。其中，峇六拜FIZ和巴西古当FIZ是最受欢迎的自由工业区。

（一）峇六拜自由工业区

峇六拜自由工业区（Bayan Lepas Free Industrial Zone，以下简称BLFIZ）位于槟城，被称为岛上的主要工业中心，是马来西亚第一个创建的自由工业区。BLFIZ是科技公司和高科技制造公司的热门商业地点。

BLFIZ通过峇六拜高速公路与马来西亚槟城州首府乔治市相连，紧邻槟城国际机场。BLFIZ通常被称为“东方硅谷”，拥有英特尔、AMD、欧司朗、东芝、博世、日立和歌乐等众多知名科技公司。BLFIZ也是槟城的主要劳动力市场。在BLFIZ设立的公司可以从岛上的熟练和半熟练劳动力库中汲取资源。BLFIZ于20世纪70年代初开始发展，多年来进行了多个发展阶段，现在已成为许多国际和跨国公司进驻的高新技术产业区。BLFIZ的物业大多是工厂，其中许多都是建在永久业权土地上的大型工厂。市场上可用区域的工厂最小建筑面积约为399平方米，要价从3680000林吉特起。此外，租金约为每月48000林吉特。BLFIZ附近有很多便利设施，开发了许多商业中心，以满足在那里的工厂和公司工作的人员。

往返BLFIZ的主要通道是敦林宗佑博士高速公路和苏丹阿兹兰沙路。这些道路与工业区的不同地段接壤，可通往附近的其他城镇，如峇央峇鲁、峇都茅，甚至约20分钟路程外的乔治市。槟城第一桥和第二桥也与BLFIZ相连。

1972年设立的BLFIZ是使槟城成长为“东方硅谷”的重要因素。槟城的贸易总值受到这个自由工业区里高科技产业的强烈影响。过去40年来，电子电气行业一直是槟城经济的重要组成部分，占全州就业人数的40%。2016年，该行业的生产力增长率（9.6%）、附加值贡献率（23%）和制造业出口贡献率（44.6%）最高，而2017年吸引了67亿林吉特的总投资，88%是外国直接投资。按贸易额排名，峇六拜国际机场在马来西亚国内领先于吉隆坡国际机场。2018年1—8月，峇六拜国际机场处理了价值1510亿林吉特的出口和价值890亿林吉特的进口，而通过吉隆坡国际机场的出口和进口分别为494亿林吉特和742亿林吉特。这在很大程度上是由于峇六拜国际机场毗邻槟城电子电气工业的大本营——BLFIZ。

与此同时，有证据表明，从公共基础设施的角度来看，BLFIZ正在接近容量限制。问题包括用于进一步发展的土地稀缺、公共交通网络不足和交通状况恶化，以及高昂的房地产价格和越来越高技能的劳动力需求。必须为这些并发问题找到解决方案，否则槟城的电子电气行业可能无法确保其目前的增长轨迹会持续到长期。

从长远来看，槟城政府认为先进技术仓库的发展将增加BLFIZ的长期经济效益。因此，槟城政府计划在槟城北海深水港加大存储设备的投入建设，以保证该州能与巴生港等马来西亚国内其他港口进行更强有力的竞争。一旦自由贸易区能够在建立强大的转运网络、航运线和支持区域需求方面获得牵引力，高价值的大客户也有望在槟城建立他们的区域配送中心。为了让FCZ充分发挥其潜力并实现收益，而不仅仅是增加转运活动，还需要进行土地开垦和疏浚。这是因为现有面积仅足以支持增加船舶交通和转运，而不能支持额外的增值活动，例如需要仓库和配送中心的重新包装。预计将开垦217公顷土地，使堆场容量从目前的213万标准箱增加238万标准箱，同时建设一个22公顷可用于仓储的清真中心，以及一个130公顷的配送园区，并将该地区列为自由贸易区。

（二）巴西古当

巴西古当位于马来西亚半岛南端、柔佛海峡北侧，与新加坡隔峡相望。巴西古当港是西马来西亚南部的主要港口之一，也被称为柔佛港，是一个综合性多用途港口。港口提供货物和集装箱服务的散货设施，其重点产业包括交通物流、造船、石化和其他重工业。船舶由柔佛海峡东口入港，入港航道水深12.5米以上。港区东西排列，西部有两座倒“L”形大突堤。西座为危险品码头，长216米，前沿水深11米；东座为油轮码头，内外侧共两个泊位，水深10米，有油管与后方油库相连。港区东部排列着6个远洋泊位，总长1093米，前沿水深12.2米，主要用于停放杂货、集装箱，码头上有5台36吨岸吊，其中一台为集装箱码头装卸桥，另一台为多用途吊。

该港口可处理高达120万标准箱的货运能力，并拥有世界上最大的棕榈油储存设施。在巴西古当FIZ设立的企业，其仓库的关税可以被免除。如果从港口出口的货物用于国内消费，也只需要支付其关税。

三、经济特区项目

考虑到自由区数量及容量的局限性，且许多企业根据自身特点无法在自由工业区内设立工厂，马来西亚政府为了促使出口导向型和劳动密集型产业的布局更加合理，允许各州根据自己的实际情况设立经济特区项目，以此吸引外资企业在各州寻求更多投资机会。为了减少区域失衡并在全国范围内提供公平的经济增长，政府在第九个马来西亚计划（马来西亚2006—2010年的国家发展总体计划）期间建立了5个经济区。这些经济特区以区域发展走廊的形式存在，它们不一定属于自由区，但在某些情况下确实有着与典型自由区相关的特征。

由于外来投资几乎完全集中在吉隆坡以及南部的雪兰莪州和柔佛州，因此这5个经济特区大多集中于马来西亚相对不发达区域。其中，北部走廊经济区和东海岸经济区是最为关键的项目，因为这会加大投资者对该国北部地区和东海岸的投资兴趣，同时也是政府为了扶持东马来西亚地区发展而设立的两个特区。

（一）北部走廊经济区

北部走廊经济区（Northern Corridor Economic Region，简称NCER）成立于2007年，旨在利用马来西亚半岛北部四个州——吉打、玻璃市、霹雳和槟城选定地区的各种经济和社会优势。2014年，霹雳州曼绒区被纳入NCER，紧随其后的是霹雳州其他地区。目前，NCER覆盖马来西亚半岛北部的玻璃市州、吉打州、槟城州和霹雳州北部，面积约18000平方公里，重点鼓励农业、制造业、旅游、教育和物流等领域的投资，旨在加速马来西亚半岛北部地区的经济增长。

形成NCER的北部四个州是马来西亚最理想的农业地点，拥有热带气候以及广阔而肥沃的土地。这四个州与泰国接壤，面向马六甲海峡，地理位置优越，经济一直很繁荣。通过利用与印度尼西亚苏门答腊岛和泰国的牢固关系，NCER有潜力成为世界级的贸易目的地。该地区的边境城镇，如巴东巴刹（Padang Besar）、黑木山（Bukit Kayu Hitam）是马来西亚和泰国之间的门户城镇，具有无限的经济和社会发展潜力。

自2007年成立以来，NCER不断发展，通过发挥北部四个州的优势，尤其是借助槟城较好的地理位置，以及与亚洲主要出口市场间密切的经济联系，共同合力来增加就业、鼓励创业、实现高收入和吸引私人投资，营造对投资者有利和安全的营商环境。与此同时，由于槟城在产业规模与经济实力方面优于北部其他三个州（吉打、玻璃市、霹雳），民众收入与生活质量也远高于北部其他三个州，NCER也在努力促进包容性和可持续发展，以减少区域失衡并实现公平的财富分配，为人民的最佳福祉和共同繁荣做出贡献。

作为该区域主要的发展规划机构，北部走廊执行局（NCIA）负责通过制定与NCER社会经济发展相关的政策和战略，促进贸易和投资以加快经济发展。为了使该地区对商业更加友好，并进一步促进国内外投资者对NCER的投资，NCIA采取了一系列措施，包括推动和实施高附加值的发展计划，为指定行业的公司提供特殊的税收优惠计划，开展大量人力资本开发计划，从而推动NCER朝着成为优秀经济区的方向发展。

尽管新冠肺炎疫情暴发，但NCER在2020年吸引了156亿林吉特的投资，并超过了2020年70亿林吉特的初始目标。该经济区继续实施高影响项目和关键人力资本计划，以支持2021—2025年NCER战略发展计划（SDP）中嵌入的企业和供应链生态系统。

（二）东海岸经济区

东海岸经济区（East Coast Economic Region，简称ECER）是位于马来西亚半岛东海岸的经济发展区，涵盖吉兰丹州、登嘉楼州和彭亨州以及柔佛州的丰盛港地区。ECER也是马来西亚半岛推出的三个经济走廊之一。

ECER的总体规划者是马来西亚石油和天然气公司Petronas，另一个私营部门合作伙伴是种植园集团IOI Group。这两个公司在东海岸都有强大的影响力。东海岸经济区发展委员会的成立是为了实施总体规划。

ECER由马来西亚时任总理于2007年10月30日在登嘉楼州首府瓜拉

登嘉楼和吉兰丹州首府哥打巴鲁发起，次日在彭亨州首府关丹发起。在启动期间，宣布拨款60亿林吉特，作为该发展走廊公共投资的一部分。该投资主要用于具有影响力的项目，这些项目将成为该地区社会经济发展的催化剂。该地区几乎占据了马来西亚半岛的一半，在收入和投资方面落后于西海岸。

2008年新任总理延续了马来西亚领导人对走廊发展的承诺，将其纳入政府转型计划，以实现马来西亚在2020年成为高收入发达国家的愿景。成立之时，该特区制定了第一个ECER总体规划（EMP1. 0），作为指导ECER发展的基础，也标志着ECER的形成。该规划概述了实施关键项目和计划以将该地区转变为首选投资目的地的战略。它还为ECER的综合发展模式创建了框架，其中包括持续交付高影响力的基础设施项目、与私营部门密切合作以促进投资、有吸引力的投资激励措施以及跨城市和农村地区的人力资本开发计划。

在EMP 1.0的指导下，ECER经济特区和马中关丹工业园都是马来西亚首创的举措，旨在加快该地区的外国直接投资流入和工业化进程。ECER的开发由东海岸经济区发展委员会领导。该委员会发起了各种高影响力的项目和计划，以刺激ECER的社会经济转型，通过增加对该地区的私人投资。最终目标是让当地社区能够从投资者创造的就业和创业机会中受益，从而缩小马来西亚半岛东海岸和西海岸之间的社会经济差距。

“ECER总体规划2. 0：下一个飞跃2018—2025”（EMP 2. 0）于2019年启动，以继续推动ECER实现下一次增长飞跃，其发展框架利用了ECER作为通往东盟和亚太地区门户的战略地位。EMP2. 0概述了关键战略、高影响力项目，包括旨在帮助该地区提升价值链的以人为本的计划，特别关注使ECER成为亚太地区的工业4. 0（第四次工业革命）中心。目标是到2025年及以后使该地区向独特、充满活力和竞争力的地区转变。

这些项目和计划，连同ECER丰富的自然资源、具有竞争力的经商成本、战略基础设施以及有吸引力的财政和非财政激励措施，帮助该地区赢得了具有竞争力的投资目的地的声誉。

（三）马来西亚依斯干达

柔佛南部位于马来西亚半岛的顶端，经过几个世纪与外国商人及定居者（包括阿拉伯人、印度人、葡萄牙人、荷兰人和英国人）的历史互动，一定程度上为柔佛带来了广阔的国际视野，从而长期以来在马来西亚及当地的历史和发展中发挥着关键的战略作用。1957年马来西亚独立后，柔佛州蓬勃发展，特别是交通和工业部门。随后创造的就业机会有助于吸引越来越多的来自马来西亚和周边国家的移民到该地区。

现今，柔佛南部大都市是马来西亚最大的经济区之一，当地经济多元化，围绕电气和电子、物流、食品和农业加工、旅游、石油和石化行业出现了不断增长的集群。其坐拥世界上极繁忙的航线之一的战略位置，以及靠近新加坡、印度尼西亚、中国、印度等其他大型市场的国际枢纽，加上其丰富的自然资源和人力资源，都支撑着柔佛过去的成功并强调其未来的潜力。

在此背景下，根据马来西亚政府制定的第九个马来西亚计划中关于发展五个区域经济区以促进国家增长的建议，南柔佛经济区被指定为南部发展走廊。这个经济区后来被称为依斯干达发展区，随后被称为马来西亚依斯干达（Iskandar Malaysia，简称IM）。

继2005年由国库控股进行可行性研究以评估该地区经济走廊的拟议发展后，马来西亚依斯干达于2006年正式启动。随后，依斯干达地区发展局（IRDA）由新立法成立，即2007年IRDA法案（第664号法案），促进新经济区的推广、规划、加工和基础设施发展。

根据依斯干达的发展蓝图，即2006—2025年综合发展计划（CDP），经济走廊的主要驱动力被分配到五个不同的旗舰区。同时，为了促进这些区域的增长，重点发展九个关键服务业和制造业，即电气、电子、石化和油脂化工、食品和农产品加工、物流、旅游、创意、医疗保健、金融，这些行业被称为促进部门。总体目标是为这些行业吸引持续投资，使它们随后成为增长引擎，推动马来西亚依斯干达在2025年实现拥有300万人口和3830亿林吉特累计投资的目标，最终成为一个强大和可持续的大都市。

对于3830亿林吉特累计投资的目标，该特区已经通过累计承诺投资获得了60%的进展。这些进展都是通过民间投资的项目来获得。迄今为止，本地投资者约占所有投资的60%，其余来自不同国家的外国投资者，特别是新加坡、中国、日本、美国和西班牙。

其中，房地产行业一直是大部分投资者青睐的领域。柔佛州政府希望借助房地产的外国投资来产生更多的外溢效应。一方面，这类投资可以带动基础设施的改善，通过构建高效和综合的交通网络，促进内外的货物和人员流动，并充分利用经济走廊毗邻新加坡的地理优势而产生更多利益；另一方面，这类投资者还将带动上下游行业的发展，教育、医疗保健、创意、物流、商业和金融服务部门等行业会因此而受到促进，批发和零售贸易服务、酒店、食品和饮料细分市场也将进一步获得利好。

（四）沙巴发展走廊

第九个马来西亚计划期间，在联邦政府和沙巴州政府的联合倡议下，沙巴发展走廊（Sabah Development Corridor，简称SDC）于2008年1月29日启动，覆盖沙巴州的大部分地区，面积约7.4万平方公里，重点鼓励旅游、物流、农业和制造业投资。

SDC计划以指导沙巴发展的三个关键原则为基础，即需要获取更高价值的经济活动、通过分配促进平衡的经济增长、通过环境保护确保可持续增长。通过加速沙巴经济增长、促进区域平衡和弥合城乡差距，同时确保对国家资源的可持续管理来提高人民的生活质量。

SDC倡议最初的重点是提高沙巴的宜居指数，并通过有针对性的基础设施升级和降低经商成本使其成为商业友好的地点。通过SDC建设，沙巴希望能够向经济价值链上游移动；提升知识创新能力，培育“一流心态”；建设性地、积极地解决持续存在的社会经济不平等问题；提高生活质量的标准和可持续性，以及加强机构和实施能力。SDC旨在通过实施优先计划，到2025年，将沙巴的人均生产总值提高三倍，并将其地区生产总值增加四倍，预计会产生超过90万个新的工作岗位。

目前该特区面临的第一个挑战是协调联邦政府与州政府的权力分配。这是因为大多数拟议的SDC计划需要联邦和沙巴州政府权力范围内的多个机构共同协调。例如，要建设大型下游工厂，国家需要划拨土地，地方规划当局需要颁发规划许可并决定征收费用，而许可证、相关基础设施和财政激励措施可能属于联邦政府的职权范围。

第二个挑战是监督实施机构并与其密切合作，以确保及时有效地实施本蓝图中概述的所有基础设施计划。高质量和及时的基础设施开发将吸引投资，防止私人投资者因客观原因而减少投资兴趣，并为农村人口创造更好的生活环境，进一步巩固SDC蓝图的未来可信度。

第三个挑战是确保政策的稳定与可持续。为了可持续发展，SDC需要本地和外国投资者的持续参与。投资者通常需要确保他们的投资在长期内受到保护，并且不会出现可能导致业务成本不成比例增加的意外情况。因此，需要向投资者保证当前和未来的政策将以SDC蓝图中概述的原则为指导，并且以客观和透明的方式解决这些问题将确保SDC的成功。

（五）砂拉越再生能源走廊

虽然许多新兴产业，如IT中心和高端电子制造，都在马来西亚半岛的经济和政治中心周围发展，但砂拉越一直专注于推广其自然资源以吸引全球投资者。在利用该州众多河流和一系列大型水力发电厂的过程中，砂拉越成功地创造了充足、廉价和可靠的电力供应，为各种耗电行业提供服务。随着这些资源的加速开发，由此产生的对第一产业的投资有望引发上下游产业的衍生效应。

为此，2008年2月11日在砂拉越州元首的推动下，砂拉越再生能源走廊（Sarawak Corridor of Renewable Energy，简称SCORE）正式启动。

SCORE位于马来西亚砂拉越州北部，作为其刺激传统农村地区投资主导型增长计划的一部分。SCORE最初从沐胶的丹绒马尼斯延伸至民都鲁的三马拉朱工业园（SIP），总面积达70000平方公里，然后于2018年1月9日扩大到超过100000平方公里，包括林梦和拉瓦斯。如今，SCORE占地面积约100000平方公里。

砂拉越拥有丰富的金属和非金属矿产资源，如硅砂、高岭黏土和煤炭，为增值加工提供了巨大的潜力。其丰富的自然资源储备为生物技术领域带来了巨大的机遇，石油、石化、农业、生物技术和林业的投资潜力巨大。

SCORE发展政策的主要优势是利用砂拉越丰富的自然资源，包括大片的农业用地、巨大的煤炭和天然气储量以及价格具有竞争力的清洁、可再生水力发电，从而吸引投资者，特别是能源密集型行业的投资者，将投资目标分布于整个走廊的指定增长节点，例如SIP、丹绒马尼斯、沐胶、巴拉姆和林梦以及拉瓦斯。

管理经济走廊的是区域走廊发展局（Recoda），这是一个法定机构，其任务不仅是规划和实施社会经济和基础设施发展，而且还为该州吸引投资并为砂拉越人创造就业机会。据Recoda称，政府已确定了12个优先发展行业，涵盖了从石油生产到世界一流的高科技企业（如最先进的铝）等一系列行业，以及铁合金冶炼厂和多晶硅生产。它指出，已确定的行业包括石油和天然气工业、铝、钢铁、玻璃生产、旅游业、棕榈油工业、木材工业、畜牧业、水产养殖、海洋工程、生物技术和数字经济。通过走廊及其腹地的高影响产业，政府将投资增加至3340亿林吉特，到2030年创造250万个就业机会。在3340亿林吉特的总计划投资中，2670亿林吉特将来自私人投资，而其余670亿林吉特来自政府用以建设基础设施的形式投资。截至2020年，就SCORE吸引国内外投资而言，外国直接投资（FDI）占所有投资的36.7%，国内投资占58.2%，合资企业占5.1%[①]。根据Re-

① Yvonne Tuah：《A look at Sarawak's SCORE card》，马来西亚婆罗洲邮报官网，https：//www.theborneopost.com/2022/01/15/a-look-at-sarawaks-score-card/。

coda的数据，截至2021年10月，就SCORE地区的重大投资而言，私人和公共投资总额为711亿林吉特。

一方面，联邦和州政府都为SCORE地区的投资者提供一系列税收和激励措施。除了联邦政府针对先锋行业提供了免税、投资税收减免等激励措施外，州政府还制定了额外的激励政策，尤其是在土地价格、电费和水费等方面都给予了颇具竞争力的优惠；另一方面，砂拉越在人力资源上也有一定的基础。该州通过建设高质量的高等院校，以严格卓越的教育标准，培养一批拥有积极进取和训练有素的多语种人才，从而支持和满足SCORE工业雇主的需求。

第三节 中国在马来西亚的产业园区

一、江西（马来西亚）现代农业科技产业园

江西（马来西亚）现代农业科技产业园是江西省主推的企业参与“一带一路”建设项目。该园区位于马来西亚砂拉越州首府古晋，婆罗洲半岛中心，由江西省华美食品工业有限公司负责建设。江西省华美食品工业有限公司于2004年4月成立，主要从事农产品种植、深加工、出口贸易、境外农业开发，各项固定资产累计投资2.9亿元，建筑面积2万多平方米，直接种植基地2333.3公顷，2008年被江西省人民政府授予农业产业化省级龙头企业，2017年被农业农村部授予全国主食加工示范企业，现为马来西亚江西商会会长单位、东盟江西联合商会副会长单位。公司建有日处理300吨稻谷、100吨精米生产线各一条，可生产多规格营养健康系列荞麦、燕麦等米线，产品90%以上出口。

如今，江西（马来西亚）现代农业科技产业园中33千伏配变电站、日供水20万吨设施已经建设完毕，已经平整好第一期66.7公顷建设用地，相关道路等基础设施已经建好。入园企业主要从事农产品收储、农产品交易、冷链物流、进出口中转、食品加工、科技研发、职能技术培训、国际贸易、电子商务、国际清真食品展示、国际贸易展览展示、商业综合服

务、观光休闲农业。

产业园主要分为六大功能区，具体为：

第一，产业园管理办公区。建设产业园综合服务大楼及绿化美化综合设施，体现中马两国特色园林式风格，成立进出口国际贸易公司、物业服务中心。

第二，产品研发、生产加工区。根据农产品、水果种植，畜禽、水产养殖原材料供应来源及规模，有针对性地吸引中国有实力的生产企业入驻产业园，带入技术、设备、资金、管理经验，组织培训当地员工，开展各种相应食品加工。生产每一道环节要符合当地清真要求，符合国际通行的HACCP、ISO22000、欧盟食品认证等技术卫生标准。产品优先满足本地市场需求，同时回运中国并辐射中东、欧美市场，逐渐形成从种养殖到产品消费整个产业链的良性循环。

第三，批发、储存、冷链物流综合集散区。（1）常温优质农产品交易区，中国、马来西亚及其他国家主要农产品在此处常年集散交易，逐步打造成区域性专业市场；（2）储存水产、畜禽产品冷冻区（-5℃以下），配合进驻产业园区企业开展养殖收购、产品加工、贸易所必须硬件配套设施；（3）准低温特色水果蔬菜原料保鲜储存、贸易中转区，结合园区生产，大力发展农产品、清真食品国际贸易，努力打造国际商品期货、电子商务交易境外交割仓。

第四，商业服务配套区。（1）建设员工公寓、高档专家外宾别墅楼、客商接待服务中心；（2）建设员工培训中心，包括文化、体育、阅览、商超、生活配套设施，为进入产业园区企业工作的新员工、转岗老员工提供相关知识、技能、创业培训；（3）建设商品展览馆及电子商务交易中心，举办各类国际食品博览会，争取成为中国政府在马来西亚的首个定点商品展览馆，定期召开农产品、食品等展销会，实现商品线上线下交易无缝对接。

第五，热带水果有机种植示范区。分片种植榴莲、芒果、山竹、黄梨、向天果、菠萝蜜、红毛丹、那木子、木瓜等，同时立体生态放养鸡、羊等，让客户、来宾实地感受体验原生态循环健康农业。

第六，水产养殖、休闲观光旅游区。分“忘不了”鱼特种养殖、“富贵”鱼精养、田园餐饮、花卉品鉴、农产品超市等，充分满足当地居民和新加坡、文莱、印度尼西亚、泰国等国居民日益增长的农家休闲度假需求，同时和中马旅游部门紧密合作，促进双边资源共享、互动旅游，适时成立中马联合商会。

二、马中关丹产业园区

（一）园区概况

2012年4月1日，马来西亚总理在出席中马钦州产业园区开园仪式时，提议中国在马来西亚创建“马中合作产业园”。同年6月，中马双方共同在吉隆坡签署了《关于马中关丹产业园合作的协定》。自此，由中马两国总理亲自推动、两国政府合作共建的马中关丹产业园区，与中马钦州产业园一起，成了世界上首个互相在对方建设产业园区的姊妹区。

2013年2月5日，在中马双方的共同努力下，马中关丹产业园区在马来西亚关丹隆重开园。中马两国政要和企业家约1000人出席园区开园仪式，双方签约项目总投资额约105亿林吉特。

如今，马中关丹产业园为中马两国领导人直接倡议并亲自推动的政府间重大合作项目，并被列入“一带一路”倡议重大项目。围绕中马两国领导人提出的“将中马钦州产业园区、马中关丹产业园区打造成为中马投资合作旗舰项目、中国—东盟合作示范园区”战略定位，马中关丹产业园有限公司作为园区的开发主体，由中国和马来西亚双方公司组建，负责产业园区基础设施和公共设施的投资、建设、运营和维护。马中关丹产业园区是中国在马来西亚设立的第一个国家级产业园区。

（二）区位优势

马中关丹产业园区位于马来西亚半岛东部彭亨州关丹市，属于马来西亚东海岸经济特区的特别经济区，距市区25公里，距关丹港5公里，距关丹机场40公里。关丹港作为其重要港口，距离广西钦州港仅有3天航行时间。特殊的区位优势足以使园区发展成为面向东盟、亚太地区的策略性投资门户。

在海陆空交通网络方面，关丹拥有完善的海陆空交通网络，其中包括陆路的东西次通道，空运的关丹机场、科低机场，以及海运的关丹港。在市场容量方面，马来西亚与中国、日本、新加坡、印度尼西亚、澳大利亚和巴基斯坦等多个国家签署了自由贸易协议和相关经济合作协议，覆盖总人口数量达35亿以上，拥有十分广阔的市场容量。

（三）园区规划

马中关丹产业园规划面积12平方公里，分期建设。一期占地面积约6. 07平方公里，二期约5. 93平方公里。园区功能分区包括产业区、物流区、配套区（居住区、综合服务中心）。

（四）发展定位

园区将依托独特的港口优势，服务马来西亚东海岸经济特区、面向中国沿海、辐射东南亚，努力建设成为马来西亚对外开放的东部门户、高水平的现代制造业集群和物流基地，面向中国、东盟及世界的区域性商贸、物流及加工配送中心，进而构筑中马经贸合作战略发展新平台，打造亚太地区投资创业新高地，建设中国—东盟经济合作示范区。

（五）投资主体

马中关丹产业园区由中马双方组建的合资公司负责开发建设和运营，园区合资公司总股比按照马方51%、中方49%构成。中方参股企业为广西北部湾国际港务集团和钦州市开发投资有限公司，马方则由马来西亚实达集团、常青集团和彭亨州发展机构（以土地作价入股）共同参股。

（六）产业方向

紧紧依托当地资源和发展较为成熟的产业，立足中国与东盟，面向亚太地区，围绕产业链，形成产业集群，打造特色产业。传统优势加工业上，重点发展以钢铁、铝材深加工、棕榈油加工、石化、汽车装配、橡胶、清真食品加工等双方具有传统优势的工业；战略性新兴产业上，以加快发展信息通信、电器电子和环保产业等新兴产业为主；现代服务业上，积极发展以金融保险业、物流业、研发展示等为主的现代服务业。

（七）比较优势

马中关丹产业园区诞生伊始，即以突出的比较优势而备受瞩目。

第一大优势是两国政府共建。作为两国政府共建项目，马中关丹产业园区受到中马两国领导人的高度关注，中国四位中央领导出席园区重要活动或通过其他方式支持园区建设，马来西亚总理更是直接参与园区建设的决策。

第二大优势是区位优越。马来西亚地处太平洋和印度洋之间，位于东南亚中心。关丹市交通便利，高速公路与全国直接相连；关丹港面向中国南海，是直接通航钦州深水港和其他中国南部港口的最佳位置。同时，通达世界各国主要港口。

第三大优势是政策支持。马中关丹产业园区是马来西亚国家级园区，是东海岸经济特区中的特区，除完全享受东海岸经济特区所有优惠政策外，中马两国将从财政、税收、金融、进出口管理等方面出台更为优惠的政策。和区域内的其他园区相比，马来西亚政府为产业园开出的投资优惠条件很有竞争力，包括15年公司所得税全免、设备及原材料进口税豁免以及项目基础设施总成本10%最高达2亿林吉特的基础设施建设补助。

第四大优势是自然资源禀赋。马来西亚拥有丰富自然资源，是世界第二大棕榈油及相关制品的生产国和最大的出口国、世界第三大天然橡胶生产国和出口国以及世界第三大液化天然气出口国。以马来西亚丰富资源和港口为依托，可大力发展临港工业。

第五大优势是产业配套齐全。在马中关丹产业园区临近区域，有100多家跨国公司和中小型企业投入运营，初步形成了以汽车、石化、棕榈油、电子、清真食品等为主的产业群，与关丹产业园区形成潜在的协同发展效应。

第六大优势是便捷的一站式服务。园区将秉承“客户至上”的招商理念，专设一支熟练中文、英语等多语种的服务专业团队，为入园企业提供24小时全天候免费一站式服务，入园企业相关业务可在无语言障碍的环境下轻松完成。

（八）马中关丹产业园区旗舰项目介绍

联合钢铁（大马）集团公司是由广西北部湾国际港务集团和广西盛隆冶金有限公司联合出资成立的，各占50%股份。项目建设在MCKIP园区内，是马中关丹产业园区中的首个入园项目，项目南北长约4.2千米，东西宽0.7～0.9千米，总占地面积约2.87平方千米，约占产业园60%的用地。

项目主体的设计和建造主要由中国中冶集团等国有企业承担，具体单位包括上海宝冶集团、中国十九冶集团、中国二十二冶集团、中钢设备、中冶赛迪工程技术、湖南和天工程项目管理等。此外，还有一些当地企业作为参建单位，FRANKY公司主要负责泥土、围墙、道路、排水等的项目，CT公司主要负责一期员工宿舍楼和办公大楼建设，CBH公司负责2700伏变电站和二期中管员工宿舍楼建造。联合钢铁项目历时一年多进行平土工作，并于2016年11月正式启动主厂房建设，计划与2017年底正式投产，开始轧钢。钢厂具备东南亚首条全流程H型钢的生产工艺，总投资达56亿林吉特。

考虑到马来西亚环保法的严格要求以及企业长期发展需要，联合钢铁项目在环保上的投资约为114008.41万元人民币，占总投资额的16%左右，预计施工阶段还将增加后续环保设施，环保的投资也将增加。

2019年6月15日，联合钢铁（大马）集团公司在马中关丹产业园举行350万吨钢铁项目全面竣工投产仪式，创造了海外绿地全流程钢铁联合企业建设速度最快的纪录。时任彭亨州州务大臣在仪式上表示：“ASSB已直接或间接地为当地创造财富和提升地方经济，并且提供商业机会，迄今为止与马来西亚企业立下总值5.3亿林吉特（约8.8亿元人民币）的合约。

它全长12公里的管状胶带机将原料从关丹港口码头直接输送到厂区，可减少每天多达1000趟次的物流车流量，在环保方面具有显著作用。”[①]

（九）马中关丹产业园区近期发展

近两年随着中国与马来西亚在“一带一路”倡议下的经贸合作不断升温，两国政府间合作项目马中关丹产业园也备受关注。

2013年10月，广西北部湾国际港务集团签署了关丹港40%股权的收购协议。2015年完成收购工作后，关丹港成为广西北部湾国际港务集团在海外入股的第一个港口。广西北部湾国际港务集团入股后，关丹港与中国的合作交流及业务往来日益密切，广西北部湾国际港务集团还开通了北部湾港至关丹港的航线，为马中关丹产业园入园项目提供了强大的物流运输保障。

关丹产业园自2013年开园以来，已经吸引投资超过300亿林吉特，投资者表现出令人振奋的投资热情。这些投资者主要来自中国，大部分投资项目和节能环保、高端设备制造以及高级材料制造相关，园区目前的工作主要是安排这些资金和项目逐步落地。

紧邻园区的关丹港内正在开展码头扩建和修建新防波堤等活动，二期工程完工后可以停靠20万吨货轮，而已经动工修建的东海岸铁路，将会把关丹港与西海岸的巴生港直接联通，有力地带动产业园上下游的快速发展以及关丹港与园区之间的互动，为关丹产业园推进“港—产—园”发展构想提供了有利条件。

在中马两国政府的大力推动下，“两国双园”建设取得令人瞩目的成就。截至2022年3月15日，马中关丹产业园共吸引了总值301亿林吉特的19个投资项目，预计将创造17000个工作机会。在第二期及第三期的开发阶段，马中关丹产业园和东海岸铁路及关丹港口连接在一起，将有效带动

---

① 《中国钢企在马中关丹产业园350万吨钢铁项目正式全面竣工投产》，广西壮族自治区北部湾经济区规划建设管理办公室，http://bbwb.gxzf.gov.cn/tzfw/yqdt/t844018.shtml。

周边港口城市的发展。入园企业建设进展大大加快，其中联合钢铁项目已全线竣工投产；其他造纸、热电联产等项目也陆续获批生产执照、优惠政策等。近期还有铜制造、铝加工、钒钛铁冶炼、汽车零配件加工等企业项目前来调研，园区招商引资情况前景开阔，局势良好。

2022年4月，中马钦州产业园举行盛大的10周年庆典活动，马来西亚与广西在庆典期间共同举办“马来西亚—中国（广西）投资论坛”，广邀两国政府官员和工商界代表参会，以促进更多商务对接和投资活动。

正如马来西亚现任国际贸易及工业部副部长拿督林万锋在发言时表示，马中“两国双园”，即马中关丹产业园和中马钦州产业园，是“一带一路”最具标志性的国家级合作项目。“两国双园”的未来发展，将为马中两国，甚至是本区域各国，带来后疫情时代经济全面复苏的战略机遇。他在会议上建议，马中两国在未来探讨建设“两国多园”的可行性，以便将“两国双园”的成功合作模式拓展至其他地区。

他强调，随着2022年3月18日区域全面经济伙伴关系协定（RCEP）在马来西亚生效，未来的马中经贸预计将有更大的发展前景。马中“两国双园”须把握这个难得的战略机遇，深化务实合作，开拓新的合作领域，继续为“一带一路”建设添砖加瓦，实现互利共赢，造福两国人民。“一方面我们希望更多中资企业进驻马中关丹产业园，善用马来西亚的区位优势来开拓广大的RCEP市场，并作为进入东盟市场的门户；另一方面我们也希望更多马来西亚企业到中马钦州产业园投资设厂，以作为进入中国广大内地市场的窗户。我们也会鼓励更多马来西亚商家到南宁参加中国—东盟博览会，创造更多出口商机和促进更多商务对接。”

未来，产业园将继续加大招商引资力度，在协助中企落地的同时，让当地人民与企业受益，做到互利共赢和优势互补。

附　录

怎样到RCEP成员国投资

马来西亚篇

中国驻马来西亚主要政府部门和相关机构一览表
（截至2022年6月23日）

序号	机构名称	联系方式
1	中国驻马来西亚大使馆	网址：http：//my.china-embassy.gov.cn/ 地址：229 Jalan Ampang，50450 Kuala Lumpur，Malaysia 电话：+603-21811752（办公室） +603-21645301（中国公民领事保护专线） +603-21645272（中国公民证件专线） 邮箱：chinaembmy@gmail.com
2	中国驻马来西亚大使馆经济商务处	网址：http：//my.mofcom.gov.cn 地址：No.39，Jalan Ulu Kelang，68000 Ampang，Selangor Darul Ehsan，Malaysia 电话：+603-42513555（总机） 邮箱：my@mofcom.gov.cn 微信公众号：马来西亚商务通（mlxyswt）
3	中国驻古晋总领事馆	网址：http：//kuching.china-consulate.gov.cn/chn/ 地址：Lot 276，Block 10，Jalan Ong Tiang Swee，93200 Kuching，Sarawak，Malaysia 电话：+082-414818，+012-8861953（领事保护） +082-238344（中国护照、旅行证、公证认证） +082-254818，+082-239816（经商室） 邮箱：consulate_kuching@mfa.gov.cn
4	中国驻槟城总领事馆	网址：http：//penang.china-consulate.gov.cn/chn/ 地址：28 B&C，Jalan Tunku Abdul Rahman，Taman Selamat，10350 George Town，Pulau Pinang，Malaysia 电话：+604-2189795（办公） +604-2189803（领事保护咨询） 邮箱：chinaconsulatepenang@gmail.com
5	中国驻哥打基纳巴卢总领事馆	网址：http：//kotakinabalu.china-consulate.gov.cn/chn/ 地址：Palm Court，Lot 7，No 3，VIP Lot，Lorong Pokok Palma Rajah，Jalan Lintas，88000 Kota Kinabalu，Sabah，Malaysia 电话：+60-88385481/88393061 +60-149857312（中国公民领保电话） 邮箱：chinaconsul_kk_my@mfa.gov.cn chinese_consulate_kk@yahoo.com

马来西亚主要政府部门和相关机构一览表

（截至2022年6月23日）

序号	机构名称	网址
1	马来西亚国际贸易与工业部 Ministry of International Trade and Industry	https：//www.miti.gov.my
2	马来西亚财政部 Ministry of Finance Malaysia	https：//www.mof.gov.my
3	马来西亚交通部 Ministry of Transport Malaysia	http：//www.mot.gov.my
4	马来西亚内政部 Ministry of Home Affairs	http：//www.moha.gov.my
5	马来西亚投资发展局 Malaysian Investment Development Authority	https：//www.mida.gov.my
6	马来西亚国家银行 Bank Negara Malaysia	https：//www.bnm.gov.my
7	马来西亚国家统计局 Department of Statistics Malaysia	https：//www.dosm.gov.my
8	马来西亚公司委员会 Companies Commission of Malaysia	https：//www.ssm.com.my
9	马来西亚证券委员会 Securities Commission Malaysia	https：//www.sc.com.my
10	马来西亚交易所 Bursa Malaysia	https：//www.bursamalaysia.com
11	马来西亚竞争委员会 Malaysia Competition Commission	https：//www.mycc.gov.my
12	马来西亚能源委员会 Energy Commission	https：//www.st.gov.my
13	马来西亚通讯和多媒体委员会 Malaysian Communications and Multimedia Commission	https：//www.mcmc.gov.my

续表

序号	机构名称	网址
14	马来西亚知识产权公司 Intellectual Property Corporation of Malaysia	http：//www.myipo.gov.my
15	马来西亚环境与水利局 Department of Environment and Water	https：//www.doe.gov.my
16	马来西亚外交部 Ministry of Foreign Affairs，Malaysia	https：//www.kln.gov.my
17	马来西亚外贸促进局 Malaysia External Trade Development Corporation	https：//www.matrade.gov.my
18	马来西亚移民局 Immigration Department of Malaysia	https：//www.imi.gov.my
19	马来西亚皇家关税局 Royal Malaysian Customs Department	http：//www.customs.gov.my/front.html

马来西亚主要商协会（社团）一览表
（截至2022年6月23日）

序号	商协会（社团）名称	联系方式
1	马来西亚—中国商务理事会 Malaysia-China Business Council	地址：Lot 3A-28，Quill City Mall，No.1018，Jalan Sultan Ismail，50250 Kuala Lumpur，Malaysia. 电话：+603-28574994 传真：+603-23870199 网址：http：//www.mcbc.com.my
2	马来西亚中华总商会 The Associated Chinese Chambers of Commerce and Industry of Malaysia	地址：6th Floor，Wisma Chinese Chamber，258 Jalan Ampang，50450 Kuala Lumpur，Malaysia 电话：00603-42603090/3091 传真：00603-42603080 网址：http：//www.acccim.org.my
3	马来西亚—中国总商会 Malaysia-China Chamber of Commerce	地址：No.8-2，Jalan Metro Pudu，Fraser Business Park，Off Jalan Yew，55100 Kuala Lumpur，Malaysia 电话：00603-92231188 传真：00603-92221548 网址：http：//www.mccc.my
4	马来西亚全国工商总会 National Chamber of Commerce and Industry of Malaysia	地址：Level 3，West Wing，Menara MATRADE，Jalan Sultan Haji Ahmad Shah，50480 Kuala Lumpur，Malaysia 电话：00603-62049811 传真：00603-62049711 网址：http：//www.nccim.org.my
5	马来西亚中小企业公会 SME Association of Malaysia	地址：No.5-5，Jalan USJ 9/5 Q，Subang Business Centre，47620，Subang Jaya Selangor Darul Ehsan 电话：+6010-9460456 传真：00603-80241737 网址：http：//smemalaysia.org

续表

序号	商协会（社团）名称	联系方式
6	马来西亚制造商联合会 Federation of Malaysian Manufacturers	地址：No.3，Persiaran Dagang，PJU 9，Bandar Sri Damansara，52200 Kuala Lumpur，Malaysia 电话：00603-62867200 传真：00603-62741266/7288 网址：http：//www.fmm.org.my
7	马来西亚国际工商会 Malaysian International Chamber of Commerce and Industry	地址：C-08-08，Plaza Mont' Kiara，2 Jalan Kiara，50480 Kuala Lumpur，Malaysia 电话：00603-62017708 传真：00603-62017705 网址：http：//smemalaysia.orgwww.micci.com
8	马来西亚中国法律联合会 Malaysian China Legal Cooperation Society	地址：10 Persiaran Dagang，Bandar Sri Damansara，Kuala Lumpur，Malaysia 电话：00603-61794259 传真：00603-62536311 邮箱：mclcs.acclaim@gmail.com

咨询机构一览表

（截至2022年6月23日）

序号	机构名称	联系方式
1	中国驻马来西亚大使馆经商处 Economic and Commercial Office of the Embassy of the People's Republic of China in Malaysia	地址：NO. 39 Jalan Ulu Kelang，68000 Ampang，Selangor Darul Ehsan，Malaysia 电话：00603-42513555 传真：00603-42513233
2	马来西亚中资企业总商会 China Enterprises Chamber of Commerce in Malaysia （CECCM）	地址：Level 1，Bank of China （Malaysia） Berhad，Plaza OSK 25 Jalan Ampang，50450 Kuala Lumpur，Malaysia 电话：00603-23878101 传真：00603-21644240 邮箱：cenam1449@gmail.com 网址：http：//smemalaysia. orgwww. ceccm. com. my
3	马来西亚投资发展局（MIDA） Malaysia Investment Development Authority	地址：No. 5，Jalan Stesen Sentral 5，Kuala Lumpur Sentral，50470 Kuala Lumpur，Malaysia 电话：00603-22673633 传真：00603-22747970 网址：http：//smemalaysia.orgwww.mida.gov.my
4	UNDP中国企业海外可持续发展办公室 UNDP Overseas Sustainable Development Office of Chinese Enterprises	地址：北京市朝阳区亮马河南路2号联合国开发计划署 电话：（0086）010-85320733、8532077
5	中国侨联法律顾问委员会 The Legal Advisory Board of All China Federation of Returned Overseas Chinese	地址：北京市东城区工体西路一号606房间 邮编：100027 邮箱：zqlfgw@163.com 网址：http：//www. chinaql. org/n1/2021/0604/c419639-32122672.html

续表

序号	机构名称	联系方式
6	鼎峰律师事务所 Dingfeng Law Firm 鼎峰RCEP研究院 Dingfeng RCEP Research Institute 罗章武律师事务所驻中国（广西）代表处 CW Loh & Associates Representative office in China (Guangxi)	地址：广西壮族自治区南宁市青秀区中越路7号金旺角·CASA国际公馆B座1906号 电话：（0086）0771-5709688/8981 邮箱：dingfenglawfirm@foxmail.com 网址：https：//dingfenglawyer.com/
7	马来西亚罗章武律师事务所 CW Loh & Associates 鼎峰律师事务所驻马来西亚（吉隆坡）办事处 Dingfeng Law Firm Offic in Malaysia（Kuala Lumpur） 鼎峰法律服务（马来西亚）有限公司 DING FENG RCEP LEGAL UNION(MALAYSIA)SDN.BHD.	地址：31-3 Jalan Ambong 2，Kepong Baru，52100 Kuala Lumpur，Malaysia 电话：00603-62529459 传真：00603-62536311

本书编委参加中马两国法律交流合作掠影

本书编委长期致力于涉外法律理论与实务的研究与实践，为本书的编写奠定了基础。主编陈洁是高校教师，同时作为鼎峰律师事务所东盟法商部负责人，经广西律师协会选拔，曾代表广西涉外律师到马来西亚吉隆坡参加中国—东盟自由贸易区法律培训交流项目，其间访问了马来西亚主要司法机关、亚洲国际仲裁中心、律师事务所等机构，进行了广泛而深入的调研与交流。鼎峰RCEP研究院智库专家罗传钰博士，作为马来亚大学法学院访问学者，曾多次到马来西亚的园区企业、港口公司、本地商会调研及受邀做研究报告。广西鼎峰律师事务所与马来西亚罗章武律师事务所合作互设海外代表处，也是中马两国法律合作的一个缩影。

2020 年 10 月 9 日，鼎峰律师事务所与罗章武律师事务所合作签约仪式，肖敏主任签约现场

2020 年 10 月 9 日，鼎峰律师事务所与罗章武律师事务所互设海外办事处签约挂牌仪式，中国广西现场，陈洁（左），肖敏（右）

2020 年 10 月 9 日，鼎峰律师事务所与罗章武律师事务所互设海外办事处签约挂牌仪式，马来西亚吉隆坡现场，罗传钰（左），罗章武（右）

2015年12月18日，陈洁律师拜访马来西亚吉隆坡高等法院

2015年12月17日，陈洁律师拜访吉隆坡亚洲国际仲裁中心（原吉隆坡区域仲裁中心），就国际商事仲裁议题进行交流

陈洁律师马来西亚工作照

2015 年 12 月 14 日，陈洁律师拜访马来西亚联邦法院（上诉庭），摄于法院外景

2015 年 12 月 14 日，陈洁律师拜访马来西亚联邦法院（上诉庭），摄于司法之殿的内庭

2015 年 12 月 14 日，陈洁律师拜访马来西亚联邦法院司法博物馆

2018 年 12 月 6 日，罗传钰博士参加马来西亚新亚洲战略中心、马来西亚马来亚大学中国研究所共同主办的“新亚洲国际论坛”，与时任中国驻马来西亚特命全权大使白天合影

2020 年 7 月 11 日，罗传钰博士拜访马来西亚柔佛州峇珠巴辖中华总商会，商讨中企来该地投资的机遇与挑战

2020 年 7 月 11 日，罗传钰博士应马来西亚柔佛州峇珠巴辖中华总商会邀请，就中企在马来西亚投资机遇做专场报告

2020 年 8 月 9 日，罗传钰博士拜访马来西亚吉打州吉打中华总商会，与会长拿督陈英强先生（右）、马来西亚吉打州德卡区州议员陈国耀（中）商讨中企来吉打州投资的机遇与挑战

2020年8月31日，马来西亚国庆日，摄于吉隆坡独立广场

马来西亚吉隆坡双子塔

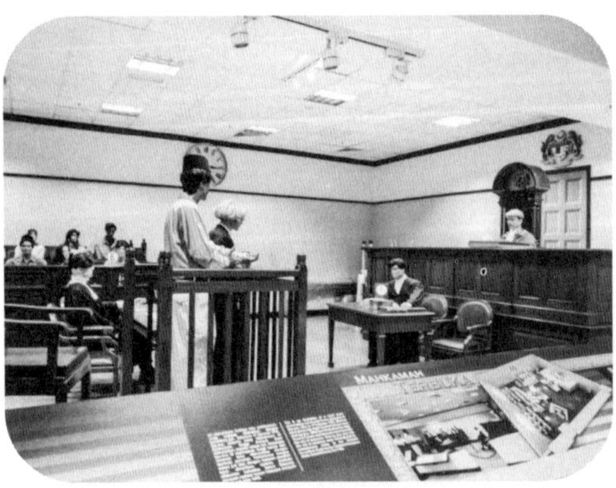

马来西亚联邦法院博物馆庭审模拟场景

马来西亚联邦法院司法之殿内庭

参考文献

［1］王贵国，李鋈麟，梁美芬．“一带一路”沿线国法律精要（柬埔寨、马来西亚、新加坡卷）［M］．浙江：浙江大学出版社，2019.

［2］鲁学武．马来西亚外商直接投资法律制度研究［M］．广州：世界图书出版公司广东有限公司，2018.

［3］［美］加里·B．博恩．国际仲裁：法律与实践［M］．北京：商务印书馆，2015.

［4］吴明．境外投资争议解决实务与案例精解［M］．北京：法律出版社，2018.

［5］李志鹏．民营企业“一带一路”实用投资指南·东南亚十一国［M］．北京：中华工商联合出版社，2020.

［6］王贵国．国际投资法［M］．北京：法律出版社，2008.

［7］陈安，刘智中．国际经济法资料选编［M］．北京：法律出版社，1991.

［8］杨慧芳．外资待遇法律制度研究［M］．北京：中国人民大学出版社，2012.

［9］米良，周麒．东盟国家公司法律制度研究［M］．北京：中国社会

科学出版社，2008.

［10］王玉梅.中国的外国直接投资法律制度研究［M］.北京：法律出版社，2003.

［11］陈志叔，米良.东盟国家对外经济法律制度研究［M］.云南：云南大学出版社，2006.

［12］米良.东盟国家经济法律法规选编［M］.云南：云南大学出版社，2005.

［13］张晓君.中国—东盟法律评论［M］.厦门：厦门大学出版社，2011.

［14］呼书秀.中国与东盟发展相互投资的法律机制研究［M］.北京：北京大学出版社，2005.

［15］何勤华，李秀清.东南亚七国法律发达史［M］.北京：法律出版社，2002.

［16］汤树梅.国际投资法的理论与实践［M］.北京：中国社会科学出版社，2004.

［17］程信和.中国—东盟自由贸易区法律模式研究［M］.北京：人民法院出版社，2006.

［18］常永胜.马来西亚社会文化与投资环境［M］.广州：世界图书出版广东有限公司，2014.

［19］龚晓辉，蒋丽勇，刘勇，等.马来西亚概论.广州：世界图书出版广东有限公司，2014.

［20］范若兰，龙泰格.中国海外投资的“安全化”与“去安全化”问题研究——以马来西亚“东铁”项目为例［J］.南洋问题研究，2020（4）.

［21］张应进.马来西亚债务问题政治化：“债务陷阱论”凸显的根源［J］.国际展望，2020，12（1）.

［22］张淼.马来西亚大选后的经济形势及对我国在马投资的影响［J］.亚太安全与海洋研究，2018（6）.

［23］李好，黄潇玉．对马来西亚投资：中国的机遇与风险［J］．对外经贸实务，2018（1）．

［24］鲁学武．马来西亚外资准入限制及其法律风险防范［J］．常州大学学报（社会科学版），2017（4）．

［25］王红晓．东盟四国企业所得税优惠政策的比较［J］．特区经济，2009（12）：88-90．

［26］王红晓．泰国与马来西亚公司所得税的比较与借鉴［J］．扬州大学税务学院学报，2010（2）：14-20．

［27］张国义．我国跨国集团公司的税务筹划策略［J］．集团经济研究，2006（1）：45-46．

［28］黄跃文，崔荣春．投资马来西亚：税收优惠比较多　协定待遇有看点［N］．中国税务报，2018-08-31．

［29］张哲威，韩秋．探析马来西亚税制与海外承包工程税务筹划［J］．中国总会计师，2013（11）：142-143．

［30］周婧，刘静．中国企业对马来西亚投资现状与前景分析［J］．现代商贸工业，2013（19）：74-75．

［31］汪智刚．外资准入和投资自由化——兼谈发展中国家对国际投资自由化趋势的应对策略［J］．商业研究，2005（21）．

［32］李满枝．中国与东盟国家外资准入制度比较研究［J］．东南亚纵横，2007（2）．

［33］汪慕恒．潮起潮落：马来西亚的外商投资［J］．东南亚研究，1994（Z1）．

［34］魏艳茹．中国—东盟框架下国际投资法律环境的比较研究——以《中国—东盟投资协议》的签订与生效为背景［J］．广西大学学报（哲学社会科学版），2011（1）．

［35］王贵国．略论晚近国际投资法的几个特点［J］．比较法研究，2010（1）．

[36] 刘才涌. 马来西亚银行业的外资参与历程及其影响分析 [J]. 东南亚纵横，2007（8）.

[37] 鲁学武. 中国—东盟自由贸易区投资法制评析 [J]. 广西社会科学，2013（11）.

[38] 鲁学武. 中国与东盟各国双边投资条约的修订和完善 [J]. 特区经济，2010（4）.

[39] 汪慕恒. 90年代马来西亚外资投资的新趋势与新特点 [J]. 亚太研究，1993（5）.

[40] Nazauddin HJ. Mohd Jali Marof Redzuan. 马来西亚的主要政策 [J]. 法治湖南与区域治理研究，2011，4（4）.

[41] 刘正良，刘厚俊. 马来西亚工业化进程中外资影响及其借鉴 [J]. 亚太经济，2005（1）.

[42] 武斌. 多边投资规则中的市场准入与投资自由化 [C]. 全球化时代的国际经济法：中国的视角国际研讨会论文集（上），2008.

[43] 列春. 马来西亚出台进一步吸引外国投资的政策 [J]. 工程机械，2010，41（1）.

[44] 聂槟. 试析东南亚各国投资环境及中国企业对东南亚的投资 [J]. 东南亚纵横，2009（9）.

[45] 骆金龙，罗天雨，耿元一，等. 马来西亚“多媒体超级走廊”发展的实证分析 [J]. 高科技与产业化，2005（12）.

[46] 贺水金. 泰国与马来西亚汇率制度的比较研究 [J]. 上海经济研究，2005（12）.

[47] 单强. 外汇管理促进贸易投资便利化研究 [J]. 北京金融评论，2013（1）.

[48] 胡昕蕾. 论国际投资自由化 [J]. 法制与社会，2009（15）.

[49] 樊莹. 后金融危机时期的东亚贸易投资便利化合作 [J]. 国际经济合作，2011（3）.

［50］熊若岚．CAFTA投资自由化及便利化方面的问题分析［J］．中国商贸，2011（24）．

［51］李青．中国与东盟国家外资立法原则比较研究［J］．改革与战略，2006（9）．

［52］中国信保公司．马来西亚投资与经贸风险分析报告［J］．国际融资，2012（12）．

［53］许利平．解析马来西亚的伊斯兰金融系统［J］．东南亚研究，2004（1）．

［54］中国国际贸易促进委员会．企业对外投资国别（地区）营商环境指南：马来西亚（2020）［EB/OL］．（2021-01-08）［2021-06-01］．http：//www. ccpit. org/a/20210108/20210108e3sa.html.